基於複雜網路的
關聯信用風險
傳染延遲效應研究

李永奎 著

財經錢線

前　言

　　隨著經濟全球化和市場經濟的深入發展，銀行、信託公司、保險公司、擔保公司等經濟主體，通過股權、擔保或互保、關聯交易、金融衍生品、供應鏈關係以及管理層的多重身分等形成錯綜複雜的信用關聯關係。本書稱這類由信用關聯關係連接的經濟主體為關聯信用主體；由關聯信用主體構成的網路為關聯信用主體網路；在關聯信用主體網路中，由信用關聯關係衍生的信用風險為關聯信用風險。由此可知，在關聯信用主體網路中，信用關聯關係是衍生關聯信用風險的根源，而關聯信用主體網路是關聯信用風險的載體。在關聯信用主體網路中，如果其中某個或某些信用主體發生信用違約，必然會殃及與之關聯的其他信用主體，從而引發關聯信用風險，並導致一系列連鎖反應。因此，在關聯信用主體網路中，關聯信用主體之間的錯綜複雜的關聯關係易引發關聯信用風險的傳染效應。關聯信用風險的傳染性使關聯信用主體之間形成了關聯信用風險鏈，信用風險通過關聯信用風險鏈的傳導，對關聯信用主體網路乃至整個金融系統甚至社會經濟都可能造成極大的危害。從2007年的次貸危機乃至隨後的歐債危機到國內頻繁出現的擔保危機以及企業集團的破產中不難發現，關聯信用風險常常會引發經濟危機。

在關聯信用主體網路中，由於關聯信用主體之間的關聯關係錯綜複雜，因此，關聯信用風險的傳染系統通常具有複雜性，傳染過程存在延遲和免疫效應。事實上，一方面，關聯關係使關聯信用主體之間具有相依性，關聯信用主體成為利益共同體。如果關聯信用主體網路中某個或某些信用主體發生信用違約，為避免「惹禍上身」，與之關聯的其他信用主體可能對發生信用違約的主體進行救助，這些救助措施可能使關聯信用風險在關聯信用主體網路中的傳染被延遲。另一方面，面對關聯信用風險的突發性和不確定性，如果信用主體能夠預先判斷並迅速採取行動進行自我救治，則可能延遲甚至規避關聯信用風險對自身的傳染。上述兩類常見的救治措施被稱為關聯信用主體的免疫治理。在免疫治理過程中，如果關聯信用風險傳染性極強或者關聯信用主體的免疫治理策略失誤，則可能導致關聯信用風險的免疫治理效果不理想，本書將其稱為不完全免疫情景。事實上，關聯信用風險要達到完全免疫治理的情景是很困難的，而不完全免疫治理情景是常態。雖然不完全免疫治理不能規避關聯信用風險的傳染，但可以延遲關聯信用風險的傳染。由此可知，在關聯信用主體網路結構下，關聯信用風險的傳染和演化過程呈現出複雜性和系統性。基於此，本書採用複雜網路的相關理論，針對關聯信用主體網路結構和關聯信用風險的傳染與延遲效應展開研究。

　　由於資產關聯是關聯信用主體之間的一種最常見的關聯方式，因此，本書僅限於研究關聯信用主體之間存在資產關聯關係的情景。在關聯信用主體網路中，資產關聯關係使關聯信用主體成為利益的共同體，但同時也是關聯信用風險的傳染渠道。換言之，資產關聯關係既可以拓展關聯信用主體的生存和發展空間，但也為其經營埋下了隱患。隨著各類經濟主體乃至政府之間信用交易的日益頻繁，關聯信用風險不僅成為市場經濟發

展中的重大風險，而且也是信用風險管理領域的新熱點。

本書在概述了信用風險的度量模型、信用風險的違約相關性、複雜網路的演化結構理論和複雜網路結構下的傳染模型等相關理論，在分析信用風險的度量模型、違約相關性、信用風險傳染和複雜網路等研究現狀的基礎上，提出了關聯信用風險的概念，並從多個角度深入探析了關聯信用風險的成因，進而探討了複雜網路結構下的關聯信用風險和關聯信用風險的傳染效應、延遲效應與免疫等。本書的研究將回答以下問題：基於資產關聯關係的關聯信用風險具有哪些重要特性？關聯信用主體之間的資產關聯關係能否延遲關聯信用風險的傳染效應？不完全免疫性如何影響關聯信用風險的傳染過程並延遲關聯信用風險的傳染效應？

本書的內容分為四個部分：第一部分（第一章），研究背景、意義和問題的提出；第二部分（第二、三章），基礎理論及其文獻綜述分析；第三部分（第四、五、六、七章），在分析關聯信用風險主要特性的基礎上，在小世界網路和無標度網路的框架下，探討分析了關聯信用主體為同質化或異質化的情況下，以及考慮關聯信用主體的不完全免疫情景下，關聯信用風險傳染的延遲效應；第四部分（第八章）為研究的總結和展望。

本書的主要研究內容和研究結論如下：

首先，關聯信用主體經由資產關聯關係構成不同類型的複雜網路結構，並且大量實證研究表明，關聯信用主體網路結構具有小世界網路和無標度網路的特徵。基於此，本書在小世界網路的框架下，假定關聯信用主體具有同質性，利用平均場理論並結合傳染病模型，分析了「非健康」關聯信用主體的密度與關聯信用風險的傳染延遲時間及傳染概率之間的關係，進而揭示了關聯信用風險傳染的延遲效應。研究發現，關聯信用主體之間的資產關聯關係、關聯信用主體間的關聯數量以及關聯

信用風險的傳染概率，都會影響關聯信用風險傳染的延遲效應；如果同時考慮傳染延遲和資產關聯比兩個方面的因素，則可以顯著地降低網路中關聯信用風險的傳染概率。

其次，本書在無標度網路的框架下，研究了在資產關聯情景下關聯信用主體之間關聯信用風險傳染的延遲效應。通過建立基於無標度網路的關聯信用風險傳染 D-SIS 模型，並結合 BA 無標度網路的特性，探討了關聯信用風險傳染的均衡狀態。研究表明，關聯信用主體之間的資產關聯關係有助於風險分擔，從而延遲了關聯信用風險的傳染，並且延遲時間越長，關聯信用風險的傳染強度越強。

最後，本書利用關聯信用風險具有的不完全免疫性，並結合平均場理論，在不完全免疫的情景下，構建了關聯信用主體間的關聯信用風險傳染模型。在此基礎上，分析了關聯信用主體網路中關聯信用風險的傳染概率與不完全免疫及資產關聯之間的關係，進而揭示了關聯信用風險的不完全免疫性對關聯信用風險傳染延遲效應的影響。研究發現，在免疫失敗和免疫失效同時存在時，關聯信用主體網路中關聯信用風險的傳染過程受到明顯的影響；有效的免疫治理能夠延遲關聯信用風險的傳染，而無效的免疫治理則會降低關聯信用風險傳染的延遲效應；關聯信用主體之間的資產關聯關係和免疫性，都有助於增強關聯信用風險傳染的延遲效應。

本書的順利完成離不開主管部門、學界同仁的幫助和支持。衷心感謝我的博士生導師周宗放教授，他的悉心指導讓我走進了關聯信用風險這一前沿研究領域。謝小鳳博士、賴輝博士等也為本書的出版提供了幫助。值此書稿完成和即將出版之際，筆者在此一併表示衷心的感謝。

鑒於筆者的學識和能力所限，本書的錯誤和疏漏之處在所難免，敬請各位學者、專家和讀者提出寶貴意見。

目　錄

1　緒論／1

    1.1　研究背景及其意義／1

    1.2　問題的提出／7

    1.3　本書的主要研究內容與技術路線／11

    1.4　本書的主要創新之處／14

2　相關理論基礎／16

    2.1　信用風險的概念／16

    2.2　信用風險的度量模型／17

        2.2.1　傳統的信用風險評估方法／18

        2.2.2　信用風險評估的統計方法／19

        2.2.3　信用風險評估的非統計方法／23

        2.2.4　信用風險度量的結構化模型和簡約化模型／25

    2.3　信用風險的違約相關性／28

        2.3.1　線性相關係數／29

        2.3.2　Copula 函數／30

2.4 複雜網路的相關理論 / 33

2.4.1 複雜網路的演化結構理論 / 34
2.4.2 複雜網路結構下的傳染模型 / 39

2.5 延遲效應和免疫治理的相關理論 / 42

2.5.1 延遲效應 / 43
2.5.2 免疫治理的相關理論 / 43

2.6 本章小結 / 47

3 國內外相關研究現狀 / 48

3.1 信用風險的研究現狀 / 48

3.1.1 信用風險的度量模型 / 48
3.1.2 信用風險的違約相關性 / 53
3.1.3 信用風險的傳染 / 60

3.2 複雜網路應用的研究現狀 / 64

3.2.1 關聯主體網路的結構特徵 / 65
3.2.2 關聯主體網路結構下的風險傳染機制 / 70
3.2.3 關聯信用主體網路結構下的信用風險傳染 / 74

3.3 延遲效應和免疫治理應用的研究現狀 / 76

3.3.1 延遲效應應用的研究現狀 / 76
3.3.2 免疫治理應用的研究現狀 / 77

3.4 本章小結 / 79

4 關聯信用風險的主要特性 / 81

4.1 引言 / 81

4.2 關聯信用風險的概念 / 82

4.3 關聯信用風險的成因 / 85

4.3.1 關聯信用主體之間的關聯特徵 / 86
4.3.2 關聯信用主體的資信狀況 / 86
4.3.3 關聯信用主體各方信息的不對稱和不完全 / 87
4.3.4 信用制度建設不完善 / 87
4.3.5 關聯信用主體的經營管理不當 / 88
4.3.6 不可控因素的干擾 / 88

4.4 複雜網路結構下的關聯信用風險 / 90

4.5 關聯信用風險的傳染延遲效應 / 92

4.5.1 關聯信用風險的傳染效應 / 92
4.5.2 關聯信用風險的延遲效應 / 96

4.6 關聯信用風險的免疫特徵 / 100

4.7 本章小結 / 102

5 基於小世界網路的關聯信用風險傳染延遲效應 / 103

5.1 引言 / 103

5.2 基於小世界網路的關聯信用風險傳染延遲效應模型 / 106

5.2.1　基本假設 / 106

　　　5.2.2　模型構建 / 107

　　　5.2.3　結果分析 / 108

　5.3　基於小世界網路的關聯信用風險傳染延遲效應可視化分析 / 110

　5.4　本章小結 / 117

6　基於無標度網路的關聯信用風險傳染延遲效應 / 118

　6.1　引言 / 118

　6.2　基於無標度網路的關聯信用風險傳染延遲效應模型 / 120

　　　6.2.1　基本假設 / 120

　　　6.2.2　模型構建 / 120

　6.3　基於BA網路的關聯信用風險傳染延遲效應模型 / 123

　　　6.3.1　模型構建 / 123

　　　6.3.2　可視化分析 / 126

　6.4　本章小結 / 133

7　不完全免疫情景下的關聯信用風險傳染延遲及仿真 / 134

　7.1　引言 / 134

　7.2　不完全免疫情景下的關聯信用風險傳染模型 / 137

- 7.2.1 基本假設 / 137
- 7.2.2 模型構建 / 140

7.3 演化仿真及結果分析 / 144

- 7.3.1 「移出」狀態下關聯信用主體的密度與傳染概率的關係 / 145
- 7.3.2 「移出」狀態下關聯信用主體的密度與「擬免疫」信用主體密度的關係 / 148

7.4 本章小結 / 150

8 研究總結與展望 / 152

8.1 研究總結 / 152

- 8.1.1 關聯信用風險的主要特性 / 153
- 8.1.2 基於小世界網路和無標度網路的關聯信用風險傳染延遲效應 / 153
- 8.1.3 不完全免疫情景下的關聯信用風險傳染延遲效應 / 154

8.2 研究的不足與展望 / 155

參考文獻 / 158

1 緒論

1.1 研究背景及其意義

現代市場經濟就是信用經濟，各類經濟主體通過信用關係緊密聯繫在一起，因而構建良好的信用關係是各個經濟主體正常運行的基本條件。隨著全球經濟一體化和中國市場經濟深化改革的進一步發展，各類經濟主體通過信用關係聯繫更緊密，不斷發展和擴大的信用關係又促進各類經濟主體快速發展。同時，信用關係也給各類經濟主體帶來很大的不確定性，即信用風險通過信用關係加劇了經濟的動盪。現階段中國經濟正處於經濟增長速度換擋期、結構調整陣痛期、前期刺激政策消化期的「三期疊加」的特定發展階段，防範和化解金融領域中的各類風險是經濟持續增長的重中之重。隨著中國經濟體制的進一步變革，國有企業和私有企業、國內企業和國外企業、上下游企業等之間的聯繫變得更加緊密。2014年6月，國務院發布了《社會信用體系建設規劃綱要（2014—2020）》，要求全面推進包括政務誠信、商務誠信、社會誠信、司法公信在內的社會信用體系建設。商務誠信已成為實業界和金融機構關注的熱點問題，而經濟主體的信用風險是商務誠信所面臨的主要風險。

在信用經濟時代，各信用主體一般是指以盈利為目的，通過有效地組織各種生產要素為社會提供產品或服務的法人或社會經濟組織，並且在促進社會經濟發展和穩定中起著重要作用。信用關係成為它們相互聯繫的紐帶。信用主體通過股權、擔保或互保、關聯交易、金融衍生品、供應鏈關係以及管理層的多重身分等形成錯綜複雜的信用關聯關係。存在信用關聯關係的信用主體被稱為關聯信用主體，由關聯信用主體構成的網路被稱為關聯信用主體網路。比如，企業集團內部的成員企業、供應鏈上的上下游企業、家族性企業等通過信用關聯關係構成的網路結構。

近年來，在全世界範圍內金融危機頻繁爆發，給全球經濟發展帶來了非常大的影響。金融危機爆發期間，許多關聯信用主體都出現了非常嚴重的財務問題，不良資產急遽增多嚴重影響了關聯信用主體的正常經營和償付能力，進而影響與之存在信用關係的關聯信用主體資產的流動性，加劇了關聯信用主體信用損失的頻率和程度，為全球各個信用主體的復甦蒙上一層陰影。由突發的信用風險引起整個關聯信用主體網路發生危機的現象在現實經濟生活中屢見不鮮。比如，中國20世紀90年代爆發的「三角債」問題給關聯企業造成大量損失，嚴重擾亂了整個社會經濟秩序。2007年美國爆發的次貸危機乃至隨後爆發的全球金融危機，便是由於信用風險通過多個金融機構之間的複雜關聯關係傳播和演化，致使如雷曼兄弟公司、美國國際集團等多家著名的金融機構破產或重組，最終導致全球經濟市場的混亂。2011年9月，浙江溫州中小企業發生的「連環貸」危機，主要源於信用風險經由連環擔保類型的資產關聯關係，在各種類型企業之間、企業的上下游等快速傳染和擴散，導致溫州出現大量的「跑路」現象，沉重地打擊了溫州民營經濟的發展。2011年9月，內蒙古鄂爾多斯市的中富房地產公司陷入債

務困境，與其有著債務聯繫的企業也陷入財務困境或者倒閉，導致整個鄂爾多斯地區房地產業的蕭條。2012年年初，浙江天煜建設有限公司破產，引發浙江民營企業之間形成了複雜、盤根錯節的互保鏈危機，致使浙江杭州地區的大量民營企業陷入財務困境或者倒閉。2014年7月，四川匯通信用融資擔保有限公司突發的擔保危機，讓眾多銀行和債權人驚慌失措，導致四川民間發生金融危機。

　　這些經濟現象表明，一家關聯信用主體破產或陷入經營困境，與之直接關聯的關聯信用主體也可能陷入經營困境或倒閉，甚至可能導致整個地區的經濟蕭條。也就是說，一家關聯信用主體發生信用風險引起與之關聯的信用主體的資產重估，使與之關聯的信用主體也可能發生違約風險，本書將此類信用風險稱為關聯信用風險。簡而言之，關聯信用主體之間的關聯信用風險具有傳染性。因此，諸多經濟現象都是由關聯信用風險誘發的更大信用危機。這引起了實業界和理論界對信用風險管理的關注，特別是對關聯信用風險管理的高度重視。

　　由於資產關聯是關聯信用主體之間的一種最常見的關聯方式，因此，本書僅限於研究關聯信用主體之間存在資產關聯關係的情景。也就是說，關聯信用主體之間通過交叉持股、母子公司、擔保或互保、金融衍生品等多種資產關聯關係緊密相連。它們通過這些關聯方式形成一條條信用鏈條，隨著關聯信用主體的發展和擴大，其關聯關係也會進一步深化，因此便產生了由關聯信用主體通過信用鏈條編織而成的複雜網路結構。

　　隨著現代經濟快速發展，關聯信用主體構建的網路規模更大，結構更加多樣化和複雜化，使得關聯信用主體網路結構更加不確定。關聯信用主體之間建立的關聯關係，使得它們能夠相互依存和共謀發展，進而達到合作共贏的效果。但是，如果網路上某個或某些關聯信用主體發生風險勢必會造成一系列連

鎖反應，即使信用良好的關聯信用主體也可能受到牽連而遭受損失。據中國人民銀行徵信中心統計，截至 2014 年年底，中國人民銀行徵信中心為各類服務對象累計提供 34.43 萬個主關聯企業查詢，涉及關聯企業 2,392.26 萬個，涉及各項貸款餘額 14,262.21 萬億元，表內不良餘額 12.1 萬億元[1]。由此可見，關聯信用主體之間的關聯關係非常複雜，關聯資產也非常龐大，但這也給一些關聯信用主體造成巨大的潛在損失。

隨著社會分工日益精細化，關聯信用主體在整個社會經濟中不再是一個孤立的個體，它們之間通過信用關係相互依存，並且信用關聯方式錯綜複雜，形成了一個多樣化、多目標、網路化、複雜化的動態系統。該系統中的關聯信用主體存在著各種各樣的關聯關係，關聯信用主體之間的關聯關係不僅有助於關聯信用主體自身的健康發展，同時在信用風險發生時產生風險分擔作用[2]（Allen & Gale，1998），從而延緩信用風險的進一步擴散。但是，如果系統中產生的信用風險突破某種界限後，關聯信用主體間的關聯關係也可能加劇信用風險的傳染，威脅整個關聯信用主體網路系統的穩定性，進而可能使整個關聯信用主體網路系統遭受重大損失。

複雜網路是 20 世紀發展起來的學科並得到迅猛發展，許多研究方向都受到許多學者的廣泛關注，極大地推動了複雜網路和複雜系統理論和應用的進展[3-4]。同時，複雜網路現在已應用到經濟、管理、政治等人文社會學科中[5]，成為許多科研人員研究複雜社會網路和經濟網路的有力工具，也為探討社會問題和經濟管理問題提供了一種新的方法與視角。而關聯信用主體之間通過關聯關係構成的複雜網路結構，具有很多與複雜網路類似的性質。當前全球經濟的複雜性和脆弱性，使得關聯信用主體之間的關聯關係並不是很穩健，若某個或者某些關聯信用主體突發信用風險，將可能危及網路中所有關聯信用主體，進

而危害整個地區或者國家經濟的安全。因此，可以借用複雜網路理論刻畫關聯信用主體之間的結構關係，探討關聯信用主體之間關聯結構的特性，揭示不同情境下關聯信用主體間信用風險的傳染特徵和規律，掌握這些規律對關聯信用主體識別、預防和控製信用風險有著積極的理論和現實意義。

信用風險是信用主體在各類經濟活動中所面臨的重要風險之一，信用風險傳染問題一直是政府、實業界和理論界關注的熱點問題。在關聯信用主體網路中，每個關聯信用主體發生的信用風險具有很大的不確定性，這種不確定性使得關聯信用主體之間的關聯關係可能會積聚很大的信用風險，一旦信用風險超出關聯信用主體的承受範圍，就會發生關聯信用風險傳染。也就是說，關聯信用風險的傳染效應使得信用主體之間的關聯結構非常脆弱，導致關聯信用主體之間容易產生多米諾骨牌效應，進而衝擊整個經濟系統的穩定性。關聯信用主體之間的關聯關係是信用主體正常經營活動的重要一環，同時，也是造成信用風險的重要因素[6]（Allen & Gale，2000）。複雜多變的關聯關係為關聯信用主體管理信用風險提出了新的挑戰，迫使業界和學者們重新審視之前的信用風險管理理論，促使他們高度重視信用關聯關係對信用風險傳染的影響和作用。

隨著當今世界經濟的進一步融合，關聯信用風險在關聯信用主體所關注的各類重要風險的地位越來越突出。在關聯信用主體的經營和風險管理過程中，除了關聯信用主體自身採取治理措施避免信用風險的發生之外，與之關聯的其他關聯信用主體也要實施積極的管理措施避免受到關聯信用風險的傳染。這對中國處於新轉型時期中的關聯信用主體治理提出了新的要求。因此，關聯信用主體之間的關聯信用風險管理迫切需要新的思維和理論支撐。

研究關聯信用風險不僅具有顯著的理論意義，還具有非常

重要的現實意義。在關聯信用主體網路中，雖然關聯信用風險發生的可能性很小，但是如果某個或某些關聯信用主體突發關聯信用風險，極有可能在關聯信用主體之間產生多米諾骨牌效應，使一些關聯信用主體倒閉或者遭受很大的損失。比如，2012年河南爆發的擔保鏈危機，涉及三十多家投資擔保公司被立案調查，近四分之一的擔保投資公司被移交，或者重組，或者變更，或者註銷，對當地實體經濟造成了很大的衝擊。

全球分工的細化加劇了關聯信用主體網路的複雜性，進而增加了關鍵信用主體網路營運環境的不確定性。同時，關聯信用主體之間通過關聯關係構成利益共同體，一些關聯信用主體可能只註重關聯關係帶來的巨大效益，卻忽視了它所帶來的潛在風險。在關聯信用主體網路中，某家關聯信用主體出現了信用風險，可能會較快地傳染給與之直接關聯的關聯信用主體，進而以較快速度擴散到整個關聯信用主體網路。因為關聯信用風險的傳染性，使得那些原本不具有信用風險的關聯信用主體感染上關聯信用風險。因此，關聯信用主體之間的關聯關係不但給其帶來了競爭優勢和龐大利益，也使其受到關聯信用風險傳染的潛在威脅，致使關聯信用主體網路中所有關聯信用主體都可能因為關聯信用風險傳染而遭受巨大損失。

關聯信用主體之間的關聯性給關聯信用主體帶來利潤的同時，也提高了關聯信用主體之間風險暴露的相關性。這種相關性為關聯信用風險傳染提供了路徑和動力，同時將給整個關聯信用主體網路系統帶來不利影響。然而，業界對關聯信用風險問題的認識嚴重不足，關聯信用主體的管理人員認為發生該事件的可能性很小。同時，對關聯信用風險的相關研究還處於起步階段，也沒有形成系統的理論為信用主體應對現實中發生的關聯信用風險提供理論支撐。

從目前信用風險管理的發展趨勢，特別是對關聯信用主體

的關聯信用風險及其傳染的認識和實踐來看，學界對關聯信用風險的研究還比較匱乏，缺少系統的理論框架、研究方法和研究工具。本書擬提出關聯信用風險的概念並揭示形成的原因，給出不同情境下關聯信用主體之間關聯信用風險傳染的模型，並通過模擬仿真深入分析關聯信用風險傳染延遲效應。這些研究內容極大地豐富了信用風險管理的理論。同時，本書將複雜網路理論應用於關聯信用風險的研究，對信用風險管理領域具有較大的理論價值。

研究關聯信用風險的相關問題，有助於深入理解信用主體的關聯信用風險的傳染機理，防範關聯信用風險在關聯信用主體網路中傳播，為業界和政府制定科學、合理的關聯信用風險管理措施與政策提供理論支持；同時，能幫助中國的信用主體提升風險管理水平，進而有助於提高其在全球精細分工中的競爭力。總之，這些內容都表明研究關聯信用風險傳染延遲問題具有很強的理論和現實意義。

1.2 問題的提出

自從 2007 年美國的次貸危機發生後，越來越多的關聯信用主體更加重視交易對手的風險。同時，隨著世界經濟一體化的快速發展和中國市場經濟地位的進一步確立，不同行業、行業內部、生產鏈的上下游等各類信用主體通過各種關聯關係建立的聯繫越來越緊密。關聯信用主體之間之所以建立關聯關係，首要考慮的是通過信用主體之間的關聯關係使其自身利益最大化及生產成本最小化，而不是以分擔風險為主要目的。關聯信用主體在經營活動過程中可能會忽略風險通過關聯關係渠道傳染，特別是關聯信用風險的傳染。在關聯信用主體網路中，一

般情況下很難發生關聯信用風險，因而一些關聯信用主體對關聯信用風險的重要性重視不夠或者認識不足，只是認為關聯信用主體通過關聯關係能使自身獲益更多、發展更快，而覺得自身不會發生信用風險。同時，他們也認為即使有關聯信用主體發生了信用風險，其他關聯信用主體也能分擔信用風險，而自身可能承擔信用風險的很少損失或者根本不受其影響。但是，現實中發生的信用風險往往具有很大破壞力，這就要求從新的視角探討關聯信用主體之間所發生關聯信用風險的特性及其傳染規律。

關聯信用主體經由資產關聯關係構成多種錯綜複雜的關聯網路結構，如圖 1-1 所示，關聯信用主體 A_1 為關聯信用主體 A_2 提供擔保，關聯信用主體 A_2 又跟關聯信用主體 A_3 存在著相互的股權關聯關係，關聯信用主體 A_1 跟關聯信用主體 A_4 又相互持有金融衍生品，如此下去，諸多關聯信用主體構成了非常複雜的關聯信用主體網路系統。在這些關聯網路系統中，關聯信用主體通過資產關聯關係形成利益共同體，它們之間相互影響、相互滲透。同時，每個關聯信用主體不僅具有一些特性，也具有一定的共性。由於多個關聯信用主體之間的資產連接方式不同，以及資產關聯方式的多樣性，因而形成了多種不同的網路結構，比如隨機網路、小世界網路、無標度網路等結構形式。

關聯信用主體網路的複雜化、多樣化和異質化，意味著關聯信用風險管理問題不僅僅局限於各個關聯信用主體，還牽涉關聯信用主體之間的資產關聯關係特性。一家關聯信用主體突然發生的關聯信用風險所引致的相對較小的損失，如果處置不當，可能最終對整個關聯信用主體網路系統甚至整個地區或者全球經濟體系產生深遠影響。換而言之，關聯信用風險具有很強的傳染性，它通過關聯信用主體之間的特定資產關聯渠道進行累積、放大乃至突變，產生的傳染效應最終可能導致整個關

聯信用主體網路的癱瘓。在現實經濟活動中，關聯信用風險問題仍沒有被信用主體充分認識，其部分原因在於關聯信用主體認為關聯信用風險發生的可能性極小，他們只重視資產關聯所帶來的巨大利益而忽視其潛在的威脅。

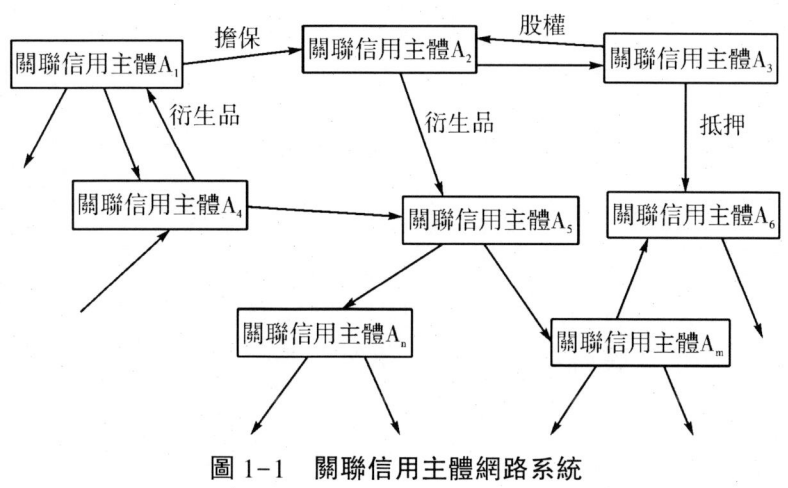

圖1-1　關聯信用主體網路系統

資產關聯方式的種類繁多，以及關聯信用主體之間存在著各種各樣的連接方式，使關聯信用主體網路更加複雜化和多樣化，加劇了關聯信用主體之間的動態系統的脆弱性。具有較大且複雜的信用風險的關聯信用主體，一旦突發違約，信用風險將通過關聯信用主體之間的資產關聯關係，較快傳染給存在直接關聯關係的關聯信用主體，使得那些原本不具有信用風險的關聯信用主體遭受威脅或者損失，極大地加重了關聯信用風險的傳染性和危害性。信用風險的發生不僅會對關聯信用主體自身和與之直接關聯的信用主體產生影響，而且會對整個關聯信用主體網路造成嚴重影響，甚至影響關聯信用主體所在的整個行業，乃至威脅整個社會經濟的穩定發展。同時，由於關聯信用主體為了自身利益可能隱瞞信用風險，或者採取措施延緩關聯信用風險的發生，因而關聯信用風險具有延遲效應。而關聯

信用風險的這種延遲性，使得它通過關聯信用主體之間的資產關聯關係渠道放緩了其傳染性。但是，如果遭受關聯信用風險的信用主體沒有徹底「治愈」，隨著時間的推移以及與其他關聯信用主體資產關聯強度的增強，關聯信用風險的傳染性將進一步加強。它將通過關聯信用主體之間的資產關聯關係渠道加速其傳染的速度，進而放大傳染的危害性，最終可能演化為整個關聯信用主體網路乃至整個社會的經濟危機。

在由關聯信用主體構成的網路中，當其中某一關聯信用主體發生關聯信用風險時，其自身的風險管控能力，以及與其存在資產關聯的信用主體對關聯信用風險的策略和態度，意味著關聯信用風險傳染波及的範圍，進而關係到關聯信用主體自身的生死存亡及整個關聯信用主體網路的穩定性。當關聯信用主體網路中發生關聯信用風險時，由於關聯信用主體具有類似於生物的免疫特性，關聯信用主體可能對關聯信用風險具有一定程度的免疫性，使得關聯信用主體在是否會感染關聯信用風險上具有很大的不確定性，進而會影響關聯信用風險在網路中的傳染規律。也就是說，在關聯信用主體處於不完全免疫的情景下，關聯信用風險在網路中傳染可能表現出不同的規律。

同時，關聯信用主體自身所具有的異質性、差異性等特徵，使得它們通過資產關聯關係構成的關聯信用主體網路結構具有不同的屬性，進而在不同關聯信用主體網路結構下的關聯信用風險傳染也可能表現出不同特性和規律。因此，在信用主體的信用風險管理過程中，不只是關注經典的信用風險識別、評估和控制，更需要關注關聯信用風險的傳染、延遲和免疫等各種複雜問題的研究。但是，實業界和理論界關於關聯信用風險的研究尚處於探索階段，特別是缺乏對關聯信用風險傳染特性和規律的研究。

綜上所述，本書將在關聯信用主體通過錯綜複雜的資產關

聯關係構成的複雜網路結構框架下，以及分析信用風險和複雜網路等理論和文獻的基礎上，圍繞以下問題進行研究：①基於資產關聯關係的關聯信用風險具有哪些重要特性；②關聯信用主體之間的資產關聯關係對關聯信用風險傳染有何影響，關聯信用風險的傳染延遲時間對關聯信用主體網路的穩定性有何影響；③關聯信用主體的不完全免疫怎樣影響關聯信用風險的傳染過程。總而言之，本書從多個視角研究關聯信用風險傳染的延遲效應。

1.3　本書的主要研究內容與技術路線

本書在分析信用風險的度量模型、違約相關性及其傳染，複雜網路理論及其相關應用，以及延遲效應和免疫治理的研究現狀的基礎上，提出了關聯信用風險的概念並探討其內涵，詳細分析了複雜網路上的關聯信用風險，以及關聯信用風險的傳染效應、延遲效應和免疫性等主要特性，進而研究在小世界網路和無標度網路的框架下資產關聯信用風險傳染的延遲效應，最後探討了不完全情境下關聯信用風險傳染的延遲問題。具體內容概括如下：

第一章介紹了關聯信用風險的研究背景、研究意義和提出所研究的問題，並概括分析了本書的研究框架和主要內容。

第二章主要介紹了本書研究的相關理論基礎，包括信用風險的概念、信用風險的度量模型、信用風險的違約相關性、複雜網路的演化結構、複雜網路結構下的傳染模型、延遲理論和免疫治理理論。

第三章系統地回顧和總結分析了與本書研究相關的文獻，包括信用風險理論模型、違約相關性、信用風險傳染、關聯主

體網路結構的特徵、基於關聯主體網路的風險傳染機制、延遲效應和免疫治理等應用的國內外研究現狀。分析這些理論和文獻所提供的思想和方法，對研究關聯信用風險傳染的延遲效應具有很強的借鑑意義。

第四章在提出關聯信用風險概念的基礎上，探討分析了其主要特性。本章借鑑信用風險的相關理論，提出關聯信用風險的一般概念並分析其內涵，進一步探討了複雜網路結構下的關聯信用風險，以及關聯信用風險的傳染效應、延遲效應和免疫特徵等主要特性，為後續研究關聯信用風險傳染延遲效應奠定基礎。

第五章研究了基於小世界網路的關聯信用風險傳染延遲效應的規律。本章運用複雜網路和傳染病 SIS 模型，提出了「基於關聯信用主體的小世界網路結構」的概念，構建了基於小世界網路的關聯信用風險傳染延遲模型，研究了關聯信用主體網路中「非健康」關聯信用主體的密度與關聯信用風險的傳染延遲時間及傳染概率之間的關係。通過可視化分析，探討了關聯信用風險的傳染概率與關聯信用主體的平均關聯度和傳染延遲的變化關係，以及「非健康」關聯信用主體的密度變化情況，並對比討論了資產關聯對關聯信用風險傳染過程的影響。研究發現，關聯信用主體之間的資產關聯關係有助於相互分擔風險，進而延遲關聯信用風險的傳染；關聯信用主體的資產關聯關係和關聯數量都影響關聯信用風險的傳染概率。同時研究表明，在不考慮資產關聯比的情況下，會低估關聯信用風險的傳染概率。

第六章探討了基於無標度網路的關聯信用風險傳染延遲效應的規律。本章基於複雜網路的平均場理論和傳染病理論模型，研究了在資產關聯情景下關聯信用主體之間關聯信用風險的傳染延遲效應。通過建立基於無標度網路的關聯信用風險傳染延

遲模型（D-SIS模型），分析了在關聯信用主體網路中關聯信用風險傳染的均衡狀態，研究了「非健康」關聯信用主體的密度與直接關聯資產比、傳染延遲及傳染概率之間的關係。研究表明，關聯信用主體之間的資產關聯有助於風險分擔，從而延緩關聯信用風險的傳染；關聯信用風險的傳染具有延遲效應，且延遲時間越長，關聯信用風險的傳染性越強。

第七章探討了不完全免疫情景下關聯信用風險傳染延遲的規律。本章在小世界網路的框架下，應用動力學平均場理論和傳染病學原理，構建了不完全免疫情景下的關聯信用風險的傳染延遲模型，揭示了關聯信用主體網路中關聯信用風險的傳染概率與不完全免疫及資產關聯之間的關係，並對結論進行了仿真實驗和相關分析。結果表明，在免疫失效和免疫失敗共存的條件下，關聯信用主體網路中關聯信用風險傳染的臨界值降低，進而減弱了關聯信用風險的傳染延遲效應；關聯信用主體間的資產關聯關係和免疫治理能力都影響關聯信用風險的傳染效應和免疫效應。

第八章總結了本書研究的主要觀點，並給出本書研究的局限性和未來的研究方向。

綜合前述本書研究的主要內容，為較能直觀地把握本書的研究路線、研究思路、研究的邏輯順序以及本書的創新點，在圖1-2中給出了本書的研究框架結構。

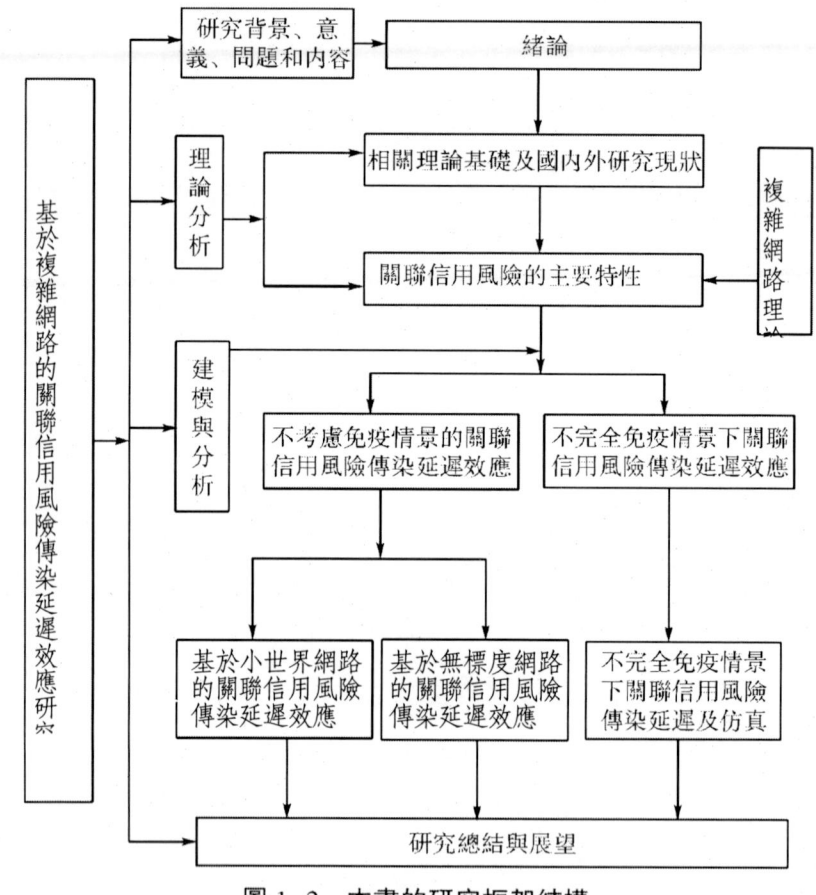

圖 1-2　本書的研究框架結構

1.4　本書的主要創新之處

　　本書在深入探析關聯信用風險概念和主要特性的基礎上，從複雜網路和生物病毒傳播的視角，利用理論建模和模擬仿真相結合的方法，研究資產關聯情景下關聯信用主體間關聯信用風險傳染延遲效應。本書的研究具有鮮明的特色和創新性，主

要體現在以下幾個方面：

（1）首先，本書定義了關聯信用風險的一般概念，並從多個角度揭示了關聯信用風險的傳染效應、延遲效應和免疫性等主要特性的內涵和意義。其次，本書提出了基於關聯信用主體的小世界網路結構概念，將小世界網路理論和傳染病 SIS 模型相結合，構建了基於小世界網路的關聯信用風險傳染延遲效應模型。最後，本書通過可視化分析研究發現，關聯信用主體之間的資產關聯關係可使關聯信用風險的傳染延遲發生，關聯信用風險傳染可能性受關聯信用主體之間的直接關聯資產和關聯數量的影響。

（2）針對關聯信用主體經由資產關聯關係構成的網路結構具有無標度的特性，本書提出了基於關聯信用主體的無標度網路結構概念，利用無標度網路理論和傳染病理論模型，構建了資產關聯情景下無標度網路的信用風險傳染延遲效應模型。研究結果表明，關聯信用風險的傳染強度受傳染延遲、直接關聯資產比和關聯度的影響，傳染概率比傳染延遲對關聯信用風險的影響更大。

（3）由於關聯信用主體具有類似於生物的屬性，本書在關聯信用主體處於不完全免疫的情景下，運用複雜網路和生物學傳染病原理，建立了關聯信用風險傳染延遲模型，通過研究關聯信用風險傳染概率與不完全免疫和資產關聯的關係，探討了關聯信用風險傳染的延遲性。研究發現，免疫失敗和免疫失效同時存在將影響關聯信用主體網路中關聯信用風險的傳染過程，有效的免疫將能延緩關聯信用風險的傳染，而無效的免疫將減弱關聯信用風險傳染的延遲效應。

2 相關理論基礎

2.1 信用風險的概念

　　隨著全球市場經濟一體化的發展，信用對經濟快速發展的作用越來越大。然而，信用主體間不斷發展和擴大的信用關係，使得信用主體各方具有非常大的不確定性，進而導致信用主體可能面臨較大損失。這就是金融機構、企業、政府等信用主體所面臨的重要風險之一——信用風險。

　　對信用風險概念的理解，學者們有不同的觀點。一種觀點認為，信用風險的概念有廣義和狹義之分。廣義的信用風險是指客戶違約而造成損失的風險，比如資產業務中債務方不按時償還本金造成資產信用質量下降，負債業務中客戶擠兌，交易對手的違約等；狹義的信用風險是指信貸風險。另一種觀點認為，信用風險是指信用主體承受方不願意或者未能按時履行契約中所規定的義務而給出讓方造成損失的風險。也就是說，由於自身或者外在的各種原因，企業、借款人等債務方不情願或無能力履行合約、協議規定的相關義務而造成其違約，致使銀行、投資者或交易對手等債權方遭受損失的可能性。它可以是違約方拒絕提供所應承擔的貨物或者服務，也可能是無力按時

或者全額償還所欠的債務。

在信用主體管理和經營過程中，信用風險一直是非常重要的一環，自身經營管理不善、受到特殊事件的衝擊或者宏觀經濟環境的變化都可能使信用主體遭受信用風險的威脅。信用風險在一定程度上可以作為反映信用主體發展狀況的綜合指標，也可凸顯出信用主體的市場評價和行業地位的情況，也關係到其融資能力。同時，銀行、債權人、股東或者交易對手等可通過信用主體的信用風險狀況，決定他們的投資策略，評估對方的風險敞口。因此，在商業信用快速發展的過程中，信用風險越來越占據重要的地位。

在信用經濟時代，信用主體可能會有債券投資和大量應收帳款，也可能貸款給其他信用主體等。這些債權都會面臨信用風險的潛在威脅，因而信用風險關係到信用主體的債券投資的安全性、經營策略和應收帳款的管理。在現實經濟活動中，信用主體受到諸多因素的影響。這些因素可能致使其發生信用風險，比如，財務狀況變壞、管理決策失誤或者宏觀經濟的衰退都可能導致信用主體陷入困境。同時，信用主體的經營活動的增多和經營規模的擴大，也可能引致信用主體自身的信用風險敞口增大。因此，在管理信用主體的信用風險過程中，不只是對信用風險的識別、控製和預防，也要採取適當的措施避免或者延緩信用主體自身發生的信用風險，還要採取積極措施防止受到其他信用主體所發生的信用風險的衝擊。

2.2 信用風險的度量模型

隨著經濟環境的變化和技術的發展，信用風險的度量方法不斷推陳出新，並且呈現定量化、非線性化和複雜化等趨勢。

本書簡要地分析了傳統的信用風險評估方法、統計方法、非統計方法、簡約化模型、結構化模型、混合模型等信用風險的度量方法。

2.2.1 傳統的信用風險評估方法

傳統的信用風險評估方法是指專家根據經驗評判信貸客戶是否違約的方法。此類方法包括要素評判法和財務比率評判法。

2.2.1.1 要素評判法

要素評判法是指專家通過幾個要素指標評判信貸客戶是否違約。根據要素的不同，該方法包括以下 5 種評判法：①「5C」要素評判法，其要素包括道德品質（Character）、還款能力（Capacity）、資本能力（Capital）、擔保（Collateral）和經營環境條件（Condition）。利用這些因素評判信貸對象的還款意願和還款能力的方法，簡稱「5C」要素評判法。此後，又增加了信貸對象的經營連續性（Continuity），簡稱「6C」要素評判法。②「5W」要素評判法，其要素主要包括借款人（Who）、借款用途（Where）、還款時間（When）、擔保物（What）和如何還款（How）。③「5P」要素評判法，其要素主要包括個人因素（Person）、借款目的（Purpose）、償還（Payment）、保障（Protection）和前景（Prospective）。④「LAPP」要素評判法，主要分析貸款對象的資產流動性（Liquidity）、活動性（Activity）、盈利能力（Profitability）和潛力（Potentiality）。⑤「駱駝」（CAMEL）要素評判法，其要素主要包括資本充足率（Capital adequacy ratio）、資產質量（Asset quality）、管理水平（Management）、收益狀況（Earnings）和流動性（Liquidity）。

2.2.1.2 財務比率評判法

信用風險時常由財務危機引起，因而可以通過財務指標來判斷信用風險。財務比率評判法是指把各項財務指標作為一個

整體、系統、全面、綜合地對企業財務狀況和經營情況進行剖析、解釋和評價的方法。該方法的主要代表有杜邦分析法和沃爾比重評分法。杜邦分析法以淨資產收益率、資產淨利率和權益乘數為核心，通過揭示借款對象的獲利能力，以及各個相關指標的相互關係，進而確定考察對象的信用狀況。沃爾比重評分法是指選定各項財務指標，並分別給定各自的分數比重，然後通過與標準比率進行比較分析，確定各項指標的得分及總體指標的累計分數，繼而確定被考察對象的信用狀況的方法。

這些傳統方法以定性分析為主，具有很大的主觀性、隨意性和不一致性，並缺乏系統的理論支持，這就要求提供更加客觀、更為有效的度量方法。隨著經濟和金融環境的變化，傳統的信用風險度量方法不再適應新的市場變化。同時，隨著現代金融理論和金融工具的創新，以及《巴塞爾協議Ⅲ》對金融風險度量和監管提出的新的要求，大量的建模技術和數量工具被引入信用風險領域。這些方法大致沿著從簡單到複雜、從統計實證分析到理論建模的發展過程。

2.2.2 信用風險評估的統計方法

度量信用風險的常見統計模型有多元統計分析模型、線性概率模型、Logistic 模型、Probit 模型、支持向量機等。

2.2.2.1 多元統計分析模型

多元統計分析模型是從考察對象的多個特徵變量中，篩選出關鍵的參考變量，建立統計分析模型並評判其信用狀況。其中最具代表性的是美國金融學者 Altman（1968）[7]提出的基於多元判別分析技術的 Z 評分模型。他認為影響違約概率的因素主要有 5 個：流動性、盈利能力、槓桿比率、償債能力和活躍性。他通過研究得到了最能區別危機和非危機公司的函數：

$$Z = 0.012X_1 + 0.014X_2 + 0.033X_3 + 0.006X_4 + 0.999X_5$$

(2-1)

其中，X_1 為流動資金與總資產的比率，X_2 為累計盈餘與總資產的比率，X_3 為息稅前利潤與總資產的比例，X_4 為股票市場價值與債務帳面價值之比，X_5 為銷售總額與總資產的比率。在此模型中，Z 作為違約風險的指標，Z 值越大，違約的概率越低。該模型認為，如果 Z 值低於 1.81，則公司存在很大的破產風險，信用風險極高；如果 Z 值大於 2.99，則企業面臨的風險不大，即信用風險極低；如果 Z 值在 1.81 和 2.99 之間，則不能判斷企業的信用風險狀況。

1977 年 Altman 等學者對該模型的指標進行了改進[8]，將原先的 5 個財務指標換成了包括資產收益、收益穩定性、債務償還能力指標在內的 7 個指標，構建了如下線性模型：

$$Z = \alpha_1 X_1 + \alpha_2 X_2 + \alpha_3 X_3 + \alpha_4 X_4 + \alpha_5 X_5 + \alpha_6 X_6 + \alpha_7 X_7$$

(2-2)

公式（2-2）中的變量分別為資產收益率指標、收益穩定性指標、償債能力指標、累計盈利能力指標、流動性指標、資本化程度指標和規模指標，參數可以通過歷史數據估計得出。該模型的適應範圍更廣，並且對違約概率的計算更精確。

多元統計分析模型在現實中得到了廣泛的應用，但是該模型仍有一定的局限性，主要表現在該模型的假設條件要求正態分布和等方差性，而現實中這些條件往往得不到滿足。因此，多元統計分析模型並不能很好地度量信用風險。

2.2.2.2 線性概率模型

線性概率模型是指以考察對象的信用狀況為被解釋變量，多個財務指標為解釋變量，通過構建迴歸模型預測其違約概率的模型。線性概率模型的迴歸形式為：

$$Y_i = \alpha_0 + \alpha_1 X_{i1} + \alpha_2 X_{i2} + \cdots + \alpha_m X_{im} + \varepsilon_i \quad (2-3)$$

其中，X_{i1}，X_{i2}，$\cdots$，X_{im} 是反映考察對象財務狀況的指標，系數 α_0，α_1，α_2，$\cdots$，α_m 可以通過最小二乘法求得。

$$Y_i = \begin{cases} 1, & 陷入財務困境的企業 \\ 0, & 正常營運的企業 \end{cases}$$

運用該模型時，默認殘差滿足同方差並且服從正態分布，但現實中的數據對系數的估計可能不滿足這些條件。

2.2.2.3 Logistic 模型

Logistic 模型又稱邏輯迴歸模型，是一種離散選擇模型，在社會學、生物統計學、醫學、數量心理學、計量經濟學、市場營銷等實證分析中得到廣泛應用。同時，該模型應用於預測企業破產或者違約，通過採用多個財務比率變量構建模型來判斷企業破產或者違約的概率，並依據所設定的風險警戒線來判斷其信用風險的情況。Logistic 模型的形式為：

$$P(X_i, \beta) = F(\alpha + \beta X_i) = \frac{1}{1 + e^{-(\alpha + \beta X_i)}} \quad (2-4)$$

其中，X_i 為第 i 個企業的預測變量，α 和 β 為待估參數。

如果給定第一組樣本值 $X_1^{(1)}$，$X_2^{(1)}$，$\cdots$，$X_m^{(1)}$，第二組樣本值 $X_1^{(2)}$，$X_2^{(2)}$，$\cdots$，$X_n^{(2)}$，可得似然函數：

$$L(\alpha, \beta) = \prod_{i=1}^{m}\left[1 - \frac{1}{1 + e^{-(\alpha + \beta X_i^{(1)})}}\right] + \prod_{j=1}^{n}\left[1 - \frac{1}{1 + e^{-(\alpha + \beta X_j^{(2)})}}\right]$$

$$(2-5)$$

利用極大似然估計法可以求出公式（2-4）中的參數 α 和 β，以及企業的違約概率 $P(X_i, \beta)$，進而根據給定的標準確定企業是否「違約」。

Logistic 模型的優勢在於不需要嚴格的假設條件，克服了線性迴歸方程嚴格假設的局限性，並能在一定程度上克服模型事後預測事前事件的缺陷，因此具有廣泛的適用性。但是該模型的計算過程比較複雜，並且在計算過程中有很多近似計算，從

而影響該模型評價的準確性。

2.2.2.4 Probit 模型

Probit 模型假定企業的破產概率為 P，並假設其樣本服從標準正態分布，其概率函數的 P 分位數可用財務指標線性解釋。其計算方法是：首先確定企業樣本的極大似然函數，通過似然函數的極大值求得參數 α 和 β；利用 Probit 模型，求出企業破產的概率。其公式為：

$$P = \int_{-\infty}^{\alpha+\beta X} \frac{1}{\sqrt{2\pi}} e^{-\frac{t^2}{2}} \mathrm{d}t \tag{2-6}$$

如果概率 P 大於 0.5，可判斷該企業陷入破產危機；如果概率 P 小於 0.5，可判定該企業的財務正常。該模型的缺陷是假設條件嚴格，計算過程複雜，並且有較多近似處理。

Probit 模型和 Logistic 模型的研究思路類似，但兩者又有很大的不同之處。一是假設條件不同。Probit 模型假設條件比 Logistic 模型更嚴格。二是參數的求解方法不一樣。Probit 模型採用極大似然函數求極值的方法求解參數，而 Logistic 模型採用線性迴歸方法求解。三是求違約概率的方法不同。Probit 模型應用積分法，而 Logistic 模型採用對數法。

2.2.2.5 支持向量機

該方法是由 Corinna Cortes 和 Vapnik 等於 1995 年首先提出來的，是在統計學的 VC 維理論和結構風險最小原理的基礎上發展起來的一種學習方法。它既有嚴格的理論基礎，又能較好地解決小樣本、非線性、高維模式識別和局部極小值等實際問題。隨著支持向量機理論的逐步完善和成熟，支持向量機理論得到廣泛的應用。針對中國的信用數據累積少、維數高、非正態等特徵，應用該模型對中國企業或者個人信用評價具有較強的針對性和適用性。

除了上述常用的統計方法，還有分類樹法、聚類分析法等

方法應用於信用主體的信用評價。這些統計方法一般要求樣本數據服從正態分布、協方差相同等條件，但是現實中的數據很難滿足這些要求，同時，應用這些方法也可能產生誤判。因此，一些非統計的方法也被應用到信用評估。

2.2.3 信用風險評估的非統計方法

針對信用風險評估統計方法的局限性，學者們又提出了很多非統計的方法，如數學規劃方法、數據包絡分析法、神經網路法、粗糙集理論等。這些方法的提出為評估信用風險提供了多種選擇，也能從新的視角理解信用風險。

2.2.3.1 數學規劃方法

學者 Freed 和 Glover（1981）[9] 應用數學規劃解決了 n 類分類問題。他們將數學規劃應用於信用風險方面，主要把信用狀況分為兩類。其規劃方程為：

目標函數

$$\min(a_1 + a_2 + \cdots + a_{n_G+n_B}),\ a_i \geq 0,\ 1 \leq i \leq n_G + n_B \tag{2-7}$$

約束條件

$$\omega_1 x_{i1} + \omega_2 x_{i2} + \cdots + w_p x_{ip} \geq c - a_i,\ 1 \leq i \leq n_G \tag{2-8}$$

$$\omega_1 x_{i1} + \omega_2 x_{i2} + \cdots \omega_p x_{ip} \leq c - a_i,\ n_G + 1 \leq i \leq n_G + n_B \tag{2-9}$$

其中，x_{ij} 為屬性，ω_i 為權重，c 為取捨點，a_i 為虛擬變量，n_G 為「信用正常」的企業，n_B 為「信用不正常」的企業。該方法的優點是財務變量的相關性對問題的解決不產生影響。

2.2.3.2 數據包絡分析法

數據包絡分析法（DEA）是由運籌學家 Chamet、Cooper 和 Rhodes（1978）提出的，該方法利用線性規劃問題解決了具有不同量綱、多輸入、多產出的同類決策單元之間績效的比較評

價問題。許多學者利用數據包絡分析法，結合企業的財務指標和非財務指標，分析企業的信用狀況。比如，Troutt 等（1996）根據專家給出的信用可接受案例，利用數據包絡分析法構成分段線性分離超平面，並將其作為信用接受集合拒絕集的邊界，在知道信用狀況好的情況下，分析如何確定待評價企業的信用狀況。Sueyo（2001）將數據包絡分析法和判別分析法相結合，構建數據包絡判別分析法，並將其用於分析商業銀行破產的預測，結果表明該方法的預測精度比較高。

2.2.3.3 神經網路

神經網路是由具有適應性的簡單單元組成的廣泛的並行互連的網路，它的組織能夠模擬生物神經系統對真實世界物體所做出的交互反應。它是一種非參數和非線性方法，不僅具有自組織、自適應、自學習等特點，而且具有很強的魯棒性和容錯性，並在模式識別、組合優化和決策判斷等方面取得較好的效果。這些優點促使神經網路法應用於多個領域，特別是在評估信用風險方面具有較強的優勢。

神經網路法應用於信用風險評估的優點在於，其無嚴格的假設限制，並能有效解決非正態分布、非線性的信用評估問題。其評估結果介於 0 與 1 之間，度量的信用風險為違約概率。神經網路法的最大缺點是，其工作的隨機性較強，需要耗費大量的人力和時間才能得到一個較好的神經網路結構。且該方法的結論沒有統計理論基礎，解釋性不強，致使該模型的應用受到了諸多限制。許多學者應用神經網路法評估信用風險。

2.2.3.4 粗糙集理論

粗糙集理論是一種刻畫不完整性和不確定性的數學工具，它建立在分類機制的基礎上，利用等價關係將所研究的空間進行劃分。粗糙集理論應用於評估信用風險時，採用一組多價值屬性的財務指標刻畫財務異常和財務正常企業，進而找到體現

財務指標和企業財務危機之間的聯繫。該方法通過挖掘數據中隱含的重要信息並用自然語言表達出來，構成一組每個決策都有案例支持的決策規則。其主要步驟是：數據預處理、屬性約簡、決策規則生成和樣本判別。它的主要特點是定性與定量相結合、過程透明。由於粗糙集理論具有不需要滿足統計假設、決策規則生成較為簡單等獨特優勢，因而它為研究不精確數據的分析和推理、挖掘數據間的關係、發展潛在的知識等方面提供了行之有效的方法。

除了上述非統計方法之外，學者們還利用幾何方法、遺傳算法、聚類分析等方法評估信用風險。

2.2.4 信用風險度量的結構化模型和簡約化模型

近三十年來，金融機構的競爭趨於白熱化，金融衍生產品的急遽膨脹，信息技術的飛速發展，以及金融危機的頻繁發生等使得人們更加重視研究信用風險。同時，《巴塞爾協議Ⅲ》鼓勵金融機構開發和應用內部評價模型，提出了更高的監管要求，使得大量的數量工具被引入度量信用風險。這些模型以違約概率作為度量信用風險的主要指標，主要的模型和方法包括結構化模型、簡約化模型、混合模型等。

2.2.4.1 結構化模型

結構化模型最初始於 Black 和 Scholes（1973）和 Merton（1974）[10,11]等文獻的，其主要思想來源於經典的期權定價模型。該模型在市場無摩擦、無限制連續買賣、資產可分、無風險利率固定以及無套利的基本假設下，假設企業價值服從簡單的幾何布朗運動，如公式（2-10）所示。

$$dV_t = \mu V_t dt + \sigma V_t dW_t \tag{2-10}$$

其中，V_t 是 t 時的企業價值，μ 是漂移係數，σ 為資產期望收益的波動率，而 W_t 是一個標準布朗運動過程。

假定企業存在外生的在 T 時到期的債務 D，依據結構化模型，當 T 時實現的時候，如果企業價值小於 D，則企業面臨違約。那麼根據期權定價理論，在初始時企業的信用風險，即違約概率可以表示為如公式（2-11）所示。

$$Pr(V_T < D) = \Phi(-\frac{\ln\frac{V_0}{D} + (r - \frac{1}{2}\sigma^2)T}{\sigma\sqrt{T}}) \qquad (2\text{-}11)$$

其中，r 為無風險利率，$\Phi(\cdot)$ 為標準正態分布函數。

從（2-11）式中可以看出，在結構化模型下研究信用風險的關鍵在於對企業價值和收益波動性的估值。該模型的主要缺陷有：一是現實中很難直接得到企業價值和收益波動率的真實值；二是企業的資產結構一般都比較複雜，不可能對每一具體負債定價；三是該模型強調違約時間在債務到期的時刻，而現實中的違約並不是這樣。

2.2.4.2 簡約化模型

在結構化模型中，企業的信用風險來源於其自身資產小於其債務的可能性。然而，現實中企業的違約往往與其資產沒有必然的聯繫，自身資產狀況良好的企業也可能因為其現金流短缺而面臨較高的信用風險。因此，另一種直接植根於信用風險主體自身運作的模型被稱為簡約化模型。Jarrow 和 Turnbull（1995）[12] 就認為，企業的違約是一種外生行為，受到外生變量的隨機影響，而發生違約的時間則是隨機的。簡單地說，簡約化模型就是直接對違約事件進行外生分布假設，並據此計算出不同事件的信用風險。在對違約事件外生分布刻畫的時候，一個常用的過程便是 Poisson 過程，違約概率是由某種強度決定的。因此，該模型又被稱為強度模型。

對於 t 時的計數 N_t，齊次 Poisson 過程如公式（2-12）所示。

$$Pr(N_t - N_s = n) = \frac{1}{n!}(t-s)^n \lambda^n e^{-(t-s)\lambda}, \ n \in N \qquad (2\text{-}12)$$

其中，λ 是一個常數。

同樣，對於 t 時的計數 N_t，非齊次 Poisson 過程如公式（2-13）所示。

$$Pr(N_t - N_s = n) = \frac{\left[\int_0^t \lambda(\mu)\mathrm{d}\mu\right]^n}{n!} e^{-\int_s^t \lambda(\mu)\mathrm{d}\mu}, \ n \in N \qquad (2\text{-}13)$$

其中，$\lambda(\mu)$ 是一個函數，並被解釋成強度函數。

至此，便基本可以描述信用風險了，即違約事件在某個時間段發生的概率。從公式（2-12）和公式（2-13）中也可以看出，利用簡約化模型的關鍵其實在於強度函數，稱之為「違約強度」。在隨機強度下，違約概率為：

$$F(T) = P(\tau < T) = E(P(\tau < T \mid (\lambda_t)_{0 \leq t \leq T})) = 1 - E(e^{-\int_0^T \lambda(\mu)\mathrm{d}\mu}) \qquad (2\text{-}14)$$

該模型中的違約強度一般通過歷史違約數據進行估計，這些數據來源於評級機構累積的違約數據。簡約化模型的優勢在於把違約看成某個隨機過程，這種違約是完全不可預測的突發事件，並且該模型簡單易操作。

2.2.4.3 混合模型

企業的信息並不是完全的，並且所有的變量並不是完全內生或者外生化的，只用結構化模型或者簡約化模型並不能完全闡釋企業的信用風險狀況。這就需要將結構化模型和簡約化模型的優勢有機結合起來，並在克服兩者不足的基礎上，使混合模型迅速發展起來。既像結構化模型一樣具有明確的經濟含義，又像簡約化模型一樣展現了違約事件突發性的特性，這就構成了混合模型。該模型從企業的財務結構出發，分析違約強度，結合結構化模型的內生性和簡約化模型的外生性特點，將兩者

有機地結合，更能客觀地表現研究對象的信用風險特徵。

最具代表性的混合模型是由 Giesecke[13] 提出的，其模型允許違約邊界和公司資產價值都具有不確定性。Giesecke 將資產回報過程定義為動態的過程 $M(t)$，對任意 $t \geq 0$，運用 $M(t)$ 是反高斯過程的事實，求出違約概率。另外，在不具備公司完整信息的情況下，Giesecke 認為投資者可以運用信用利差模型來預測未被預期到的違約概率，並運用連續的補償因子對信用利差進行定價。國外學者對混合模型進行了大量的研究，關於混合模型的研究發展較快，但是其應用操作比較複雜。

2.3　信用風險的違約相關性

隨著市場經濟的快速發展，信用主體面臨著市場風險、信用風險、流動性風險等風險的威脅，有效地管理這些風險對市場經濟的健康發展至關重要。對於這些風險的研究，信用主體之間的相關性是不可忽略的要素，如何定量刻畫信用主體之間的關聯性，特別是信用主體之間的違約相關性，就顯得尤為重要。信用主體的正常營運總會與其他信用主體存在著各種各樣的關聯關係，孤立的信用主體在現代經濟中不可能發展壯大。信用主體通過交易、擔保、交叉持股等紐帶緊密聯繫起來，形成一條複雜的關聯關係鏈。如果關聯關係鏈上某個信用主體發生違約，與之關聯的信用主體也會受之影響，不考慮關聯信用主體的而只是考慮單個信用主體的信用風險，勢必不能準確判斷這個信用主體的信用風險情況。因此，在研究信用風險度量時，研究信用主體之間的違約相關性非常有必要。

實證表明，合理的違約相關模型在信用風險管理、信用產品設計和定價等中處於核心地位，而影響信用主體的違約相關

性有多方面原因。一是共同或者相關的信用風險因素的共同作用，可能致使信用主體違約的條件概率也發生了相應的變化。二是信用主體的違約可能具有多米諾骨牌效應。如果違約的信用主體可能是另外一家信用主體的供應商、債務主體或者重要客戶等，它發生違約可能導致另一個信用主體的經濟環境惡化，致使與它相關的另外一個信用主體也可能發生違約，依次下去，造成多個信用主體接二連三地發生違約。三是一個信用主體的違約可能使潛藏的與信用主體存活相關的信息暴露在陽光之下。比如，安然公司的破產案從某種程度上揭露了其他公司也可能存在會計違規行為，這對其他公司違約的條件概率產生直接的影響。違約相關性度量包括違約時間本身之間的相關性或者隨時間變化的影響條件違約概率因素之間的相關性。傳統上主要利用線性相關係數、Copula 函數刻畫違約相關性。下面對這些理論做簡要的敘述。

2.3.1 線性相關係數

傳統上假設違約損失呈線性相關性，簡單相關係數有很好的統計性質，常用來刻畫違約相關性。即

$$\rho = corr(X, Y) = \frac{Cov(X, Y)}{\sqrt{Var(X)Var(Y)}} \tag{2-15}$$

其中，X 和 Y 分別為不同的信用主體的違約損失，Cov 表示協方差，Var 表示方差。

如果呈非線性相關，可利用秩相關係數（Spearman's rank correlation coefficient）和坎德爾係數（Kendall correlation coefficient）進行度量。

（1）秩相關係數用來衡量不同變量排序的線性相關性：

$$r = \frac{\sum_{i=1}^{n}(r_i - \bar{r})(s_i - \bar{s})}{\sqrt{\sum_{i=1}^{n}(r_i - \bar{r})^2 (s_i - \bar{s})^2}} \tag{2-16}$$

其中，r_i 和 s_i 分別為在各自樣本中的排序。

（2）坎德爾系數通過兩個變量之間變化的一致性反映兩個變量之間的相關性：

$$r_k = \frac{N_c - N_d}{N_c + N_d} \tag{2-17}$$

其中，N_c 表示 n 組觀測值 (x_1, y_1)，…，(x_n, y_n) 中的一組觀測值比另一組大或者小（變化一致）的個數，N_d 表示觀測組中不一致的個數之和。

2.3.2 Copula 函數

Copula 函數是刻畫違約相關性的一個常用工具，其具體形式為 n 維函數 $C:[0,1]^n \to [0,1]$。若對 n 個服從均勻分布的隨機變量 $U_1, U_2, \cdots, U_n$，滿足

$$C(u_1, u_2, \cdots, u_n) = P[U_1 \leqslant u_1, U_2 \leqslant u_2, \cdots, U_n \leqslant u_n] \tag{2-18}$$

即 Copula 函數是一組均勻分布隨機變量的聯合分布函數。

關於 Copula 函數最重要和最有用的結論是 Sklar 定理。

令 $F(\cdot, \cdots, \cdot)$ 為具有邊緣分布 $F_1(\cdot), F_2(\cdot), \cdots, F_n(\cdot)$ 的聯合分布函數，那麼存在一個 Copula 函數 $C(\cdot, \cdots, \cdot)$ 滿足

$$F(x_1, x_2, \cdots, x_n) = C(F_1(x_1), F_2(x_2), \cdots, F_n(x_n)) \tag{2-19}$$

若 $F_1(\cdot), F_2(\cdot), \cdots, F_n(\cdot)$ 連續，則 $C(\cdot, \cdots, \cdot)$ 唯一確定。

根據 Sklar 定理，可以利用損失數據計算其聯合分布，即利用變量的真實值分別擬合出邊緣分布，生成一組服從均勻分布的隨機變量；從常見的高斯函數、t 函數、阿基米德 Copula 函數等各種 Copula 函數中，選擇適合描述隨機變量聯合特性的 Copula 函數。其主要原理是利用聯合法則對邊緣分布函數進行校正。

設 C 是 n 維 Copula 函數，F_1, F_2, $\cdots$, F_n 為連續的邊際分布函數，則 Copula 函數具有如下性質：

(1) 令 $F_j^{-1}(t) = \inf\{x \mid F_j(x) \geq t\}$，$\forall t \in [0, 1]$ 稱為 F_j 的擬逆，由 Sklar 定理可知：

$$C(x_1, x_1, \cdots, x_n) = F(F_1^{-1}(x_1), F_2^{-1}(x_2), \cdots, F_n^{-1}(x_n)),$$
$$\forall x \in R^n \qquad (2-20)$$

(2) 令 $\prod(u) = u_1 u_2 \cdots u_n$，$n \geq 2$，則 $\prod$ 是 n 維 Copula 函數，即所謂的獨立 Copula 函數。

(3) 令 $M(u) = \min\{u_1, u_2, \cdots, u_n\}$，$W(u) = \max\{u_1 + u_2 + \cdots + u_n - n + 1\}$，$n \geq 2$，則 M 和 W 為 Copula 函數。M 和 W 分別代表完全負相依和正相依，從而易知 Frechet-Hoeffding 邊界條件為 $W(u) \leq C(u) \leq M(u)$。

(4) 稱二維 Copula 函數是向下尾相依，如果

$$\lim_{u \to 0} \frac{P(U \leq u, V \leq u)}{u} = \lim_{u \to 0} \frac{C(u, u)}{u} = \lambda_L, \lambda_L \in (0, 1]$$
$$(2-21)$$

類似地，稱 C 為向上尾相依，如果

$$\lim_{u \to 1} \frac{P(U > u, V > u)}{1 - u} = \lim_{u \to 1} \frac{1 - 2u + C(u, u)}{1 - u}$$
$$= \lambda_U, \lambda_U \in (0, 1] \qquad (2-22)$$

(5) $P(U \leq u, V > v) = u - C(u, v)$，$P(U > u, V \leq v) = v - C(u, v)$

$$P(U \leqslant u \mid V \leqslant v) = C(u, v)/v, \ P(U \leqslant u \mid V > v)$$
$$= \frac{u - C(u, v)}{1 - v} \tag{2-23}$$

利用上面這些函數可以把生存概率函數、風險率函數等轉化成 Copula 函數，利用 Copula 函數性質研究生存概率和風險率更為簡便。

（6）設 $c(u, v)$ 為 $C(u, v)$ 的密度函數，即 $c(u, v) = \frac{\partial C(u, v)}{\partial u \partial v}$。

稱 $A_C(u, v) = \int_0^u \int_0^v \frac{\partial C(x, y)}{\partial x \partial y} dy dx$ 為 Copula 函數的絕對連續部分，$S_C(u, v) = C(u, v) - A_C(u, v)$ 為 Copula 函數的奇異部分。

對於連續的隨機變量，$f(x, y)$，$f(x)$，$f(y)$ 分別為聯合隨機變量密度函數和邊際密度函數，則有 $f(x, y) = C(F_1(x), F_2(y)) f(x) f(y)$。這個分解在估計 Copula 函數中起著非常重要的作用。

在對變量間的一致性進行度量的時候，經常要考慮 Kendall's τ 系數和 Spearman's ρ 系數。它們用以衡量變量間是否協同一致的變化，把一般的概率問題轉化成 Copula 函數進行運算。其中：

$$\tau_{XY} = P[(X_1 - X_2)(Y_1 - Y_2) > 0] - P[(X_1 - X_2)(Y_1 - Y_2) < 0]$$
$$= 4 \iint_{I^2} C_2(x, y) dC_1(x, y) - 1 \tag{2-24}$$

$$\rho_{XY} = 3\{P[(X_1 - X_2)(Y_1 - Y_3) > 0] - P[(X_1 - X_2)(Y_1 - Y_3) < 0]\}$$
$$= 12 \iint_{I^2} xy dC(x, y) - 3 \tag{2-25}$$

2.4 複雜網路的相關理論

隨著科技進步和社會經濟的發展，各個關聯主體之間的聯繫越來越緊密，形成了多種多樣的網路結構形式，比如信息網路、工程網路、人際關係網路、經濟網路等。這些網路的表現形式各種各樣，有的利用邊的有向性或者無向性刻畫網路，有的依據邊或者節點的不確定性來表述隨機網路和非隨機網路，也有的根據節點或者邊的不同屬性來區分網路的稱謂，等等。這一系列對網路的刻畫方法以及其表現出的不同的規律和特性，使得複雜網路成為當今發展比較快並且應用非常廣的學科。

對複雜網路的研究已有很長的歷史，由18世紀歐拉提出的「克尼斯堡七橋問題」發展起來的圖論已成為當今研究複雜網路的基本工具。20世紀60年代，由數學家 Erdös 和 Rényi 等 (1960)[14]建立的隨機圖理論奠定了複雜網路理論研究的基礎。隨著對網路認識的深入，人們發現許多網路的拓撲結構具有複雜性和演化動力行為。在1998年，Watts 和 Strogatz[15]提出小世界網路理論，並將其用於刻畫現實中許多網路的小世界性質。自1999年 Barabási 和 Albert[16]構建的無標度網路模型揭示了複雜系統具有的無標度特性後，學者們也證實了許多真實複雜的網路系統具有無標度性質。為此，小世界特性和無標度特性為複雜網路理論研究開創了新局面。

近年來複雜網路的理論和應用研究方興未艾，取得大量研究成果。特別是中國經濟發展進入中高速發展階段，「互聯網+」為複雜網路理論應用於研究實際經濟問題提出了新的要求和發展方向。下面對複雜網路的演化結構理論和複雜網路結構下的傳染模型進行概述分析。

2.4.1 複雜網路的演化結構理論

隨著全球經濟一體化的快速發展，信用主體之間的相互依賴性日益增強，聯繫越發緊密，使得它們構成的關聯結構具有複雜化、網路化等特徵。因此，本節利用複雜網路結構模型刻畫信用主體之間的結構，為理解經濟和管理問題提供一種現實的可行途徑。下面簡要介紹規則網路、隨機網路、小世界網路和無標度網路等複雜網路演化結構模型。

2.4.1.1 規則網路

規則網路[4]是節點通過確定的簡單規則形成的網路結構。常見的規則網路有環形網路、星形網路、最鄰近耦合網路等。該網路一般具有節點度相同、節點聚集系數比較高、平均路徑比較長等特點。該網路具有如下主要統計性質：度分布為 $P(k) = \begin{cases} 1, & if \quad k = m \\ 0, & if \quad k \neq m \end{cases}$，即度分布函數為示性函數；平均度為 $\langle k \rangle = m$，與 N 無關；平均聚類系數為 $C = \dfrac{1/2 \times 3 \times (k-2)}{1/2 \times 4 \times (k-1)}$，與 N 無關，並且當 $k \to \infty$，$C \to \dfrac{3}{4}$；最大距離為 $l_{max} = \dfrac{N}{k}$，平均距離為 $\langle l \rangle_{N \to \infty} \simeq \dfrac{l_{max}}{2} = \dfrac{N}{2k} \propto N \to \infty$。

由此可知，在規則網路中，平均度和平均聚類系數與 N 無關，最大距離和平均距離與 N 成正比。

2.4.1.2 隨機網路

雖然規則網路具有很好的數學性質，但它不具有一般性和普適性，很難刻畫現實世界的網路系統。為了更好地描繪現實世界，學者們在網路結構中引入不確定性，從而誕生圖論的一個新的分支——隨機圖論。

随机网路是指节点不依据规则而是通过随机方式连接而成的网路结构。常见的随机网路有 Erdös 和 Rényi（1960）[14] 提出的 ER 随机网路，它有两种随机生成演化模式：一种是网路中任意一对节点都以概率 p 进行连接，形成节点规模为 N 的网路结构；另一种是以 N 个孤立节点为初始节点，随后每一步与 e 条边随机连接，直至构成的网路系统中总边数达到 E 时终止，并且没有出现重连边和节点自连现象。由 ER 随机网路生存过程可知，节点的平均度为 $\langle k \rangle = p(N-1)$。节点的度分布为：

$$P(k) = \binom{N}{k} p^k (1-p)^{N-k} \qquad (2\text{-}26)$$

当网路规模 N 充分大时，对于给定网路中的节点平均度 $\langle k \rangle$ 来说，随机网路的节点度分布可以用 Poisson 分布来近似，即

$$P(k) = \binom{N}{k} p^k (1-p)^{N-k} \approx \frac{\langle k \rangle e^{-\langle k \rangle}}{k!} \qquad (2\text{-}27)$$

同时，由于均匀网路中每个节点的度近似为网路的平均度 $\langle k \rangle$，依据随机网路的特性，随机网路也可以近似为均匀网路的一种形式。

此时，随机网路中节点的平均度为 $\langle k \rangle = p(N-1) \approx pN$，与网路规模 N 成正比。平均距离为 $\langle l \rangle \approx \frac{\ln N}{\ln \langle k \rangle} \propto \ln N$，而平均聚类系数为 $C \approx \frac{\langle k \rangle}{N} \propto \ln N$。

由此可知，ER 随机网路的平均度、平均距离和聚类系数具有下列统计特征：平均度与网路规模成正比；平均距离随着网路规模的对数增大而增大；当网路规模一定时，随着节点平均度的增多，网路中的聚类系数增大。

随机网路以其较好的解析性质，受到很多学者的关注并得

到一定的應用。但是，隨機網路的缺陷在於假定任意兩點連接的概率是一定的，這與現實現象不符，也無法描述新出現的小世界、無標度等現象。對於現實世界中網路系統的複雜性和連接的隨機性，其內部的組織機制一定具有某種特性，且可以通過提出新的方法和建模技術，來揭示現實網路的規律和構成機制。

2.4.1.3 小世界網路

快速發展的計算機技術和仿真技術，為科學家們的數據分析和仿真實驗提供了技術支持。通過對電力網路、人際關係網路、電話網路、銀行網路等現實中的許多網路的統計分析，研究者發現此類網路介於規則網路與完全隨機網路之間，具有小世界網路的特徵。也就是說，小世界網路的統計性質具體表現為：聚類系數類似於規則網路，平均距離與隨機網路相似。

關於小世界網路的研究，最初來源於 Milgram（1967）[17]提出的「六度分離原理」，隨後美國物理學家 Watts 和 Strogatz（1998）[15]提出了 WS 小世界網路模型。該網路的結構為：在一個規模為 N 的規則網路中，每個節點都與 K 個節點相鄰，然後從任一固定的端點出發，以概率 p 重新連接網路中隨機選取的一個新節點，且重連過程中沒有自連現象和重複連接。當 $p = 0$ 時，即與鄰居相連時該網路成為規則網路；當 $p = 1$ 時，即不與鄰居相連時該網路變為隨機網路。該模型的缺陷是，在網路的演化過程中容易出現孤立點。為此，Newman 和 Watts（1999）[18]在 WS 小世界網路模型的基礎上提出了 NW 小世界網路。在 NW 小世界網路中，要求不改變原來網路中的所有邊，而是在隨機選擇節點對之間隨機增加新的連接。此後，學者們又通過改進平均路徑長度或者擇優選擇機制等提出了新的小世界網路。

在 WS 小世界網路中，當節點度 $k \geq \dfrac{K}{2}$ 時，節點的度分布為：

$$P(k) = \sum_{m=0}^{\min(k-\frac{K}{2}, \frac{K}{2})} \binom{\frac{K}{2}}{m} (1-p)^m p^{\frac{k}{2}-m} \frac{(p\frac{K}{2})^{k-\frac{K}{2}-m}}{(k-\frac{K}{2}-m)!} e^{-p\frac{K}{2}}$$

(2-28)

而當 $k < \dfrac{K}{2}$ 時，$P(k) = 0$。

由於在 NW 小世界網路中可以隨機加邊，因此可知每個節點的度都不小於 K。當節點度 $k > K$ 時，網路中每個節點的度分布為：

$$P(k) = \binom{N}{k-K} \left(\frac{Kp}{N}\right)^{k-K} \left(1 - \frac{Kp}{N}\right)^{N-k+K}$$

(2-29)

而當 $k < K$ 時，$P(k) = 0$。

類似於隨機網路模型，WS 小世界網路的所有節點的度都近似於均勻網路。

WS 小世界網路的平均聚類系數的期望值為：

$$C(p) = \frac{3(K-2)}{4(K-1)} (1-p)^3$$

(2-30)

NW 小世界網路的平均聚類系數的期望值為：

$$C(p) = \frac{3(K-2)}{4(K-1) + 4Kp(p+2)}$$

(2-31)

由公式（2-30）和公式（2-31）可知，不論是 WS 小世界網路還是 NW 小世界網路，它們的平均聚類系數都與網路規模 N 無關。

由於小世界網路模型的平均距離的解析式比較難於計算，學者們對此進行了大量的研究，比較容易接受的是 Newman，

Moore 和 Watts 利用平均場方法得到的解析式：

$$\langle l \rangle (N, p) \approx \frac{N^{1/d}}{K} f(pKN) \qquad (2\text{-}32\text{a})$$

其中，

$$f(u) = \begin{cases} c, & u \ll 1 \\ \dfrac{4}{\sqrt{u^2+4u}} \operatorname{artanh} \dfrac{u}{\sqrt{u^2+4u}}, & u \approx 1 \\ \dfrac{\ln u}{u}, & u \gg 1 \end{cases} \qquad (2\text{-}32\text{b})$$

由公式（2-32）可知，平均距離與網路規模 N 存在著依賴關係。

2.4.1.4 無標度網路

學者們通過對國際互聯網路、科研合作網路、引文網路、生態網路，以及某些經濟網路等各種實際網路的統計分析和研究，發現它們的度分布不同於隨機網路或者小世界網路的 Poisson 分布。他們觀察到這些網路中節點的度分布近似或者精確服從冪律分布形式。因此，學界把少數節點存在較多的連接，而大多數節點連接較少的網路稱為無標度網路（Scale-free Network），也稱非均勻網路。也就是說，無標度網路具有很強的異質性，並且各個節點之間的連接屬於非均勻的，只有少數節點起主導作用。Barabási 和 Albert（1999）[16]基於增長和擇優連接兩種機制構造了一種無標度網路模型（簡稱 BA 無標度網路），即它具有網路通過新增添節點擴張網路的結構和新加入節點擇優連接到具有大量連接的節點兩種特徵，或者說具有「富者愈富」的馬太效應；並發現大量現實網路具有此類無標度的特性。隨後，學者們在此基礎上對無標度網路模型進行了大量改進。

BA 無標度網路的構造算法為：

第一，增長。在 $t = 0$ 時，初始網路規模為 m_0，以後每個時

刻增加一個新節點,並且連接到 m 個舊節點上,其中 $m \leq m_0$。

第二,優先連接。新節點與舊節點 i 相連的概率與其度成正比,即連接概率為 $\Pi(k_i) = \dfrac{k_i}{\sum_{j=1}^{N-1} k_j}$。其中,$k_i$ 表示舊節點的度,N 表示網路規模。

學者們利用平均場理論、主方程方法和馬氏鏈等方法研究分析 BA 無標度網路的度分布規律[19-21],發現網路中每增加 m 條邊,節點為 k 的度分布為:

$$P(k) = \frac{2m(m+1)}{k(k+1)(k+2)} \approx 2m^2 k^{-3} \qquad (2-33)$$

BA 無標度網路的平均距離為:

$$\langle l \rangle \propto \frac{\log N}{\log \log N} \qquad (2-34)$$

BA 無標度網路的平均聚類系數為:

$$C = \frac{m^2(m+1)^2}{4(m-1)}\left[\ln\left(\frac{m+1}{m}\right) - \frac{1}{m+1}\right]\frac{[\ln(t)]^2}{t} \qquad (2-35)$$

由此可知,隨著網路規模的增加,規則網路的平均聚類系數完全不變化,衰減速度最慢,隨機網路衰減速度最快,無標度網路居於中間,而小世界網路又居於規則網路和無標度網路之間。

2.4.2 複雜網路結構下的傳染模型

現實中的病毒傳播、信息傳播、謠言擴散等,都可看成服從某種規律的網路上的傳染動力行為,該理論的發展和應用研究受到學者們的廣泛關注。同時,由於關聯主體之間的關聯結構可用複雜網路進行刻畫,而其關聯信用風險具有類似病毒傳播的特性,因此,複雜網路理論為研究關聯信用風險傳染演化規律提供了一種新視角。下面針對複雜網路結構下的傳染模型

進行概述分析。

2.4.2.1 經典的傳染模型

在病毒傳染模型中，最著名的是 SIS 模型和 SIR 模型。假定生物群落中每個個體可能處於以下三種狀態之一：一是健康狀態（S），表現出該狀態下的生物個體易染上病毒但不具有傳染性；二是非健康狀態（I），表示在該情形下的個體已經染上疾病並具有一定的傳染性；三是移出狀態（R），表示個體被治癒不再被傳染。在生物群落中，假定單位時間內健康狀態的個體被傳染上病毒的概率為 γ，被移出的可能性為 ξ，在 t 時，個體處於 S、I、R 狀態的密度分別為 $S(t)$、$I(t)$ 和 $R(t)$。

在 SIS 模型[22]中，假定生物群落每個個體只能處於健康狀態 S 或非健康狀態 I，其傳染動力方程為：

$$\frac{dS(t)}{dt} = -\gamma I(t)S(t) + \xi I(t), \frac{dI(t)}{dt} = \gamma I(t)S(t) - \xi I(t)$$

(2-36)

而在 SIR 模型中，假定生物群落每個個體只能處於健康狀態 S、非健康狀態 I 和移出狀態 R 中中某一個狀態，其傳染過程可以刻畫為：

$$\frac{dS(t)}{dt} = -\gamma I(t)S(t), \frac{dI(t)}{dt} = \gamma I(t)S(t) - \xi I(t), \frac{dR(t)}{dt} = \xi I(t)$$

(2-37)

這兩種模型的不同之處在於，SIR 模型考慮了感染狀態可以恢復到易感染狀態並不再具有傳染性。這兩個模型都存在一個閾值 λ_c，當 $\lambda < \lambda_c$ 時，病毒無法廣泛傳播；而當 $\lambda > \lambda_c$ 時，病毒的傳染會全面爆發。

2.4.2.2 基於均勻網路的傳染模型

在現實環境中，生物個體不是孤立存在的，而是相互緊密聯繫形成不同的網路拓撲結構。而傳統的病毒傳染模型並沒有

考慮生物群體的拓撲結構，學者們首先研究了在均勻網路（包括 ER 隨機網路和小世界網路）上病毒的傳染過程。鑒於均勻網路的度分布在平均度 $\langle k \rangle$ 附近達到峰值，並且當節點度遠遠小於或者大於平均度時，網路的度分布呈指數快速下降趨勢，因此，研究病毒在均勻網路上 SIS 模型的傳播行為時，可以用平均度 $\langle k \rangle$ 近似代替網路中的每個節點的度 k。則基於均勻網路的 SIS 模型演化方程[24]為：

$$\frac{d\rho(t)}{dt} = \lambda \langle k \rangle \rho(t)(1-\rho(t)) - \rho(t) \quad (2-38)$$

其中，λ 為節點被有效傳染的概率，$\rho(t)$ 為均勻網路中節點被感染的比例大小或者密度。

當時間趨於無窮大時，網路演化系統達到穩定狀態，其穩定條件為 $\frac{d\rho(t)}{dt} = 0$，即 $\rho(t)(\lambda \langle k \rangle (1-\rho(t)) - 1) = 0$。由此可知，病毒在均勻網路上傳染概率的臨界值為 $\lambda_c = \frac{1}{\langle k \rangle}$，表明網路中存在一個大於零的臨界值。如果均勻網路中的有效傳染概率大於該值，網路中會有一系列節點被感染，即網路中的病毒產生傳染效應；如果均勻網路中的有效傳染概率小於該值，病毒會在網路中以指數形式消亡。

2.4.2.3 基於無標度網路的傳染模型

經典的傳染模型認為，生物個體的感染程度與傳染強度成正比。雖然病毒在網路中大量存在，但節點個體被傳染的機會並不是很多。為此，Pastor-Satorras，Vespignani（2001）借助 SIS 模型[24]，利用平均場理論研究了病毒在無標度網路上的傳染機理。其演化系統方程為：

$$\frac{\partial \rho_k(t)}{\partial t} = \lambda \langle k \rangle \Theta(\rho_k(t))(1-\rho_k(t)) - \rho_k(t) \quad (2-39)$$

其中，$\rho_k(t)$ 是網路中節點的度為 k 的密度，$\Theta(\rho_k(t))$ 是網路中任一給定的節點與一個感染節點相連的概率。

隨著時間變化，當網路中的度為 k 的節點穩定時，其密度記為 ρ_k。由公式（2-39），以及系統穩定的條件 $\dfrac{\partial \rho_k(t)}{\mathrm{d}t} = 0$，可得：

$$\rho_k = \frac{k\lambda\Theta(\lambda)}{1+k\lambda\Theta(\lambda)} \qquad (2\text{-}40)$$

這表明網路中節點的度越高，被傳染的可能性越大。在不同節點的度不相關的無標度網路中，任意給定一條邊連接，度為 k 的節點的概率為 $\dfrac{sP(s)}{\langle k \rangle}$，由此可得：

$$\Theta(\lambda) = \frac{1}{\langle k \rangle} \sum_k kP(k)\rho_k \qquad (2\text{-}41)$$

由公式（2-40）和公式（2-41）可知：

$$\Theta(\lambda) = \frac{1}{\langle k \rangle} \sum_k kP(k) \frac{k\lambda\Theta(\lambda)}{1+k\lambda\Theta(\lambda)} \qquad (2\text{-}42)$$

方程（2-42）至少有一個非零解，進而可得病毒在無標度網路上傳染概率的臨界值為：

$$\lambda_c = \frac{\langle k \rangle}{\langle k^2 \rangle} \qquad (2\text{-}43)$$

2.5　延遲效應和免疫治理的相關理論

現實的社會和經濟現象，表現出複雜性、非線性、網路性等多種特性，可以應用複雜系統的相關理論進行刻畫。複雜系統的演化過程呈現各種各樣的特徵和規律，比如延遲效應和免疫性等典型特徵。下面簡述分析延遲效應和免疫治理的相關

理論。

2.5.1 延遲效應

在複雜多變的現實環境中，很多系統中的能量、物質、信息等的交換和運輸過程，都要耗費一段時間才能發生，所以具有延遲效應的現象普遍存在。例如，生物對周圍環境變化的適應和反應具有延遲性，經濟政策對經濟主體作用的遲滯性，各種信號在傳輸過程中存在的滯後現象等。諸多學者在力學、生態學、管理學等學科的理論研究時，考慮了延遲這一要素，使所研究的問題更接近現實情況，從而使所得結論更具有現實意義。

學者們主要對隨機動力學系統中的時間延遲效應展開了大量的研究，討論了諸如力學、神經網路、生態學等的隨機動力系統中的延遲效應的作用，發現時間延遲效應影響系統的宏觀演化過程，並且可以通過延遲反饋使原來不穩定的系統變得穩定。同時，噪聲和時間延遲是影響動力學系統隨時間演化的非常重要的因素，它們的共同作用對系統的動力性質有重要影響。對此，某一些學者提出了延遲隨機行走、噪聲影響下的延遲雙穩系統等理論[25]，也給出了利用馬爾可夫等效法、變量轉換法、對主方程積分等方法求解含有時間延遲的隨機微分方程的近似解析解[26]。

2.5.2 免疫治理的相關理論

2.5.2.1 免疫理論概述

從生物學的角度來看，免疫是指生物通過識別「自己」與「非己」物質，排除異己以維持生物體內部生理平衡的防禦機制。它是一種自我生理保護機制，是在生物機體內部和外部多種物質與個體的共同作用下，對異己物質的識別、消除或者消

滅等的一系列過程。在正常情況下，生物免疫系統的組織形態具有多樣性、分散性、學習性、特異性、容錯性等特徵，具有防禦功能、自穩功能及免疫監視的基礎功能、自我調節和識別等功能，但是個別或者某些功能一旦失效，就會衝擊生物機體而產生病變。生物機體的免疫可以分為特異性免疫和非特異性免疫，兩者緊密相連不可分割。非特異性免疫具有先天性和遺傳性，與生物機體的組織結構和生理機能密切相關；而特異性免疫是後天受外界環境刺激形成的免疫能力。

生物機體內的免疫器官、免疫組織以及多種淋巴細胞組成了免疫系統，其中淋巴細胞遍布於機體內各個地方，並且在免疫中起主要作用。免疫系統要對各種信息進行加工處理，它的信息處理機制主要包括識別自己與非己、學習與優化、聯想記憶、自適應網路、並行的分布系統和複雜系統等方面[27]。其行為方式十分複雜，通過免疫系統的動力及演化，使其能產生防止病毒侵害生物機體的保護機制。因此，人們通過研究生物免疫系統演化的動力因素和運行機制，建立了用於解決實際問題的免疫系統模型[28]——人工免疫系統（Artificial Immune System，AIS），比如獨特型免疫網路模型、多值免疫網路模型和免疫聯想記憶模型等。這些模型開發出了反向選擇算法、免疫遺傳算法和基於免疫網路的免疫算法等諸多算法，並應用於控制工程、網路安全和故障診斷等諸多工程和科學領域。

Gutnikov 和 Melnikov（2003）[29]建立的免疫反應過程方程模型刻畫了不同類型細胞的免疫動態行為，其動力系統方程為：

$$\begin{cases} \dfrac{\mathrm{d}I(t)}{\mathrm{d}t} = \alpha I(t) - \beta I(t)K(t) \\ \dfrac{\mathrm{d}R(t)}{\mathrm{d}t} = \gamma I(t)R(t) \\ \dfrac{\mathrm{d}K(t)}{\mathrm{d}t} = -\mu K(t) + \nu I(t)R(t) \end{cases} \quad (2\text{-}44)$$

其中，$I(t)$，$R(t)$，$K(t)$ 分別為在 t 時入侵病原體、識別細胞和殺傷細胞的數量，$\frac{dI(t)}{dt}$、$\frac{dR(t)}{dt}$ 和 $\frac{dK(t)}{dt}$ 分別為在 t 時入侵病原體、識別細胞和殺傷細胞在單位時間內的變化數量。$\alpha > 0$ 表示初始時刻生物機體內感染入侵病原體的複製系數；$\beta > 0$ 表示殺傷細胞可能滅殺所遇到的入侵病原體的系數；$\gamma > 0$ 是在入侵病原體被識別細胞辨識的過程中，使識別細胞可能自我複製的系數；$\mu > 0$ 表示在入侵病原體被殺傷細胞消滅的過程中，殺傷細胞耗費的系數；$\nu > 0$ 是由入侵病原體被識別細胞所辨識而使殺傷細胞自我複製所確定的系數。

設 $I(t)$，$R(t)$，$K(t)$ 在 $(0, +\infty)$ 上都是連續並且二階可微，則其在穩定點滿足的方程為：

$$\begin{cases} \alpha I(t) - \beta I(t) K(t) = 0 \\ \gamma I(t) R(t) = 0 \\ -\mu K(t) + \nu I(t) R(t) = 0 \end{cases} \quad (2\text{-}45)$$

它只有一個穩定點 $(0, 0, 0)$。系統方程在穩定點 $(0, 0, 0)$ 處的 Jacobian 矩陣為：

$$J_0 = \begin{pmatrix} \alpha & 0 & 0 \\ 0 & 0 & 0 \\ 0 & 0 & -\mu \end{pmatrix} \quad (2\text{-}46)$$

相應的特徵方程為 $\lambda(\lambda - \alpha)(\lambda + \mu) = 0$，其特徵值分別為 $\lambda = 0$，$\lambda = \alpha$，$\lambda = -\mu$，這是一個不穩定的平衡點。並且仿真分析表明，該系統的穩定性對各個參數值的變化並不敏感，因而此系統的結構是穩定的。

2.5.2.2 免疫治理策略概述

在複雜網路結構上的節點免疫有兩層含義：一是將網路中的已感染病毒的節點隔離起來，避免其他節點感染；二是為生物群落中的易感染個體接種疫苗或者為互聯網中的節點安裝病

毒免疫技術。比如，人們在流感季節注射流感疫苗可以有效地預防流感病毒，個人計算機安裝病毒防護技術可以有效地避免網路病毒的侵害。學者們研究發現，病毒在不同網路拓撲結構上傳染時表現出不同的規律，此時，依據不同網路的特性，應該實施不同的免疫治理策略。下面簡要介紹隨機免疫和目標免疫兩種相關免疫治理策略。

（1）隨機免疫。

隨機免疫治理策略是由 Anderson 和 May（1992）[30] 提出來的。它是指在網路中隨機地選擇一些節點實施免疫，且每個節點被選擇的可能性都是一樣的。網路中免疫節點的密度記為 g，則均勻網路中實施隨機免疫時免疫節點密度的臨界值為：

$$g_c = 1 - \frac{\lambda_c}{\lambda} \qquad (2\text{-}47)$$

由公式（2-47）可知，當傳染概率 λ 大於臨界傳染概率 λ_c 時，網路中的病毒具有傳染效應，因此需要對該網路實施免疫治理策略。

在無標度網路中實施隨機免疫後，免疫節點密度的臨界值為：

$$g_c = 1 - \frac{\langle k \rangle}{\lambda \langle k^2 \rangle} \qquad (2\text{-}48)$$

從公式（2-48）可以發現，在無標度網路的規模足夠大時，有 $\langle k^2 \rangle$ 遠遠大於 $\langle k \rangle$，即 $\frac{\langle k \rangle}{\langle k^2 \rangle} \to 0$，則 $g_c \to 1$。這說明要對無標度網路的節點實行隨機免疫，必須免疫所有節點，才能達到較好的免疫效果，但是這對規模巨大的現實複雜系統顯然是不可能的。因此，在無標度網路中實施隨機免疫具有很大的局限性。

（2）目標免疫。

為了解決隨機免疫對無標度網路效果差的問題，學者 Pastor

-satorras 和 Vespignani（2002）[31]提出了目標免疫。針對無標度網路的特性，只選取網路中連接度較大的節點進行免疫，這樣可以有效避免病毒在網路中的傳染途徑。無標度網路中實行目標免疫時，免疫節點密度的臨界值為：

$$g_c \propto e^{-\frac{2}{m\lambda}} \tag{2-49}$$

公式（2-49）表明，不管網路中病毒傳染的可能性怎樣改變，免疫節點密度的臨界值都比較小。因此，在無標度網路中只需對很小一部分節點實施目標免疫，就可以達到很好的免疫效果。

2.6 本章小結

本章分析了信用風險理論、複雜網路理論、延遲效應和免疫治理策略的相關理論。對這些理論的概述，為進一步探討關聯信用主體網路結構下，關聯信用風險的傳染延遲和免疫效應，提供了研究的思想方法和工具，並奠定了本書的理論基礎。

首先，本章在介紹信用風險的廣義和狹義概念的基礎上，簡述分析了傳統的信用風險評價方法、統計方法、非統計方法、簡約模型、結構化模型、混合模型等信用風險的度量方法，並敘述了刻畫違約相關性的主要工具線性相關係數和 Copula 模型。

其次，本章簡要介紹了規則網路、隨機網路、小世界網路和無標度網路等複雜網路演化結構模型及其結構特徵，並總結了經典的病毒傳染模型以及基於小世界網路和無標度網路的傳染模型。

最後，闡述了延遲效應、免疫理論和免疫策略的相關理論。

總而言之，本章對相關理論的概述，為後續研究相關問題奠定了理論基礎，同時，也為深入探討關聯信用主體網路中的信用風險傳染延遲規律提供了有力工具。

3 國內外相關研究現狀

3.1 信用風險的研究現狀

信用風險問題一直是實業界和理論界關注的熱點，是企業、金融機構等信用主體面臨的主要風險類型之一。許多學者從不同角度研究信用風險，其中信用風險建模是研究的重中之重，其模型也正在不斷地改善。但不能把現實中發生的信用風險危機歸結為模型的失敗，因為模型的好壞取決於其假設，而假設又受到現實環境狀況和理論發展水平的限制。下面分別針對信用風險的度量模型、違約相關性及信用風險傳染的研究現狀進行分析。

3.1.1 信用風險的度量模型

國內外關於信用風險的研究成果非常多，信用風險已經成為金融工程和風險管理的一個重要組成部分，信用風險度量也為信用主體的信用評級、信用審核、資產定價和預防風險等提供了重要依據。同時，隨著經濟發展和科技進步，度量信用風險的技術也在不斷精確化。最古典的信用風險度量模型是專家判斷法，包括5C、5W、5P、LAPP原則以及財務比率分析法、

貼現法等主觀方法。這些方法需要專門從事信用分析的員工，具有很大的主觀性、隨意性和不一致性等局限，並缺乏系統的理論支持。這就要求提供更加客觀、更為有效的度量方法。

早期的研究利用企業的財務數據建立單變量數理模型來預測企業是否違約。比如，Fitzpatrick（1932）[32]認為淨利潤/淨資產、淨資產/負債能有效判斷企業是否違約，而 Beaver（1966）[33]的研究表明現金流/總負債、淨收入/總資產、總債務/總資產是判斷違約與否的最強指標。單變量模型開創了企業違約量化預測的先河，但其預測結果並不準確，學者們又提出了多元判別分析模型。其中，最具代表性的是美國金融學者 Altman（1968）[7]提出的 Z 評分模型。他認為影響違約概率的五個財務指標因素，即流動性、盈利能力、槓桿比率、償債能力和活躍性。

在 Z 評分模型的基礎上學者們又加以改進，Meyer 和 Pifer（1970）、Deakin（1972）[34-35]利用線性概率模型預警上市公司違約的可能性，在該模型中被解釋變量為評判對象的信用狀況。這些多元線性迴歸模型假定自變量之間的協方差矩陣相同且服從正態分布，而現實中的企業相關變量之間並不遵循這樣的假定。國內學者張玲（2000）[36]利用該模型對中國上市公司的財務困境進行預警分析。Sanvicente 和 Bader（1996）[37]經研究證實，在巴西經濟更開放甚至在低通貨膨脹和社會經濟更穩定的情況下，該模型的表現並不是很好。

為了彌補線性概率模型預測值落在區間 [0, 1] 之外的缺陷，學者們假設違約事件發生的概率服從具體的概率分布，比如正態分布、Logistic 分布和極值分布等，對應的線性概率模型為 Probit 模型、Logistic 模型和極值模型等。國外學者 Ohlson（1980）、Barth 和 Brumbaugh（1989）[38-39]利用這些模型和財務比率指標預測公司破產或者違約的概率。West（1985）[40]應用 Logistic模型計算金融機構的違約概率。吳世農、盧賢義（2001）[41]通過對比分析Fisher線性判別模型、多元線性迴歸模型和Logistic模型應用於預測中國上市公司財務困境的效果，發現Logistic模型預測效果最好。這些模型假定了整體變量的具體屬性，一定程度上克服了Z評分模型和ZETA模型的部分缺陷，但仍不能擺脫線性關係的假定且無法準確預測非線性問題。

隨著信息管理和計算機技術的快速發展，學科之間的交叉變得更加容易，一些新興的技術方法也被用於信用風險管理中。神經網路法[42]、遺傳算法等優化算法[43]、聚類分析法[44]、粗糙集理論[45]、支持向量機[46]等多學科的方法也被用於度量信用風險，極大地豐富了信用風險的理論，為度量信用風險提供了多種選擇和參考，也為信用風險理論的發展提出一些新的思想和方法。但這些方法要麼局限於仿真分析，要麼需要大樣本，能否真實反映信用風險的實際情況還有很大的疑問。

現代信用風險理論模型是以金融理論為基礎，在一系列經濟假設條件下提出了結構化模型和簡約化模型。結構化模型認為公司失去償債能力或者缺乏償債動機是違約的觸發事件。第一種結構化模型是在Black和Scholes（1973）[10]提出期權定價理論的基礎上，Merton（1974）[11]將影響違約的複雜因素抽象到期權理論的框架下，給出了度量信用風險的違約概率的計算公式。在該模型中，公司失去償債能力或者缺乏償債動機被明確認為是違約的觸發事件。KMV公司以這一模型為基礎，非常成功地開發出具有實證性的違約概率估計量。穆迪公司也推出了以資產負債表信息為基礎的違約概率估計量。這類模型能很好地預測評級轉移和違約[47]。第二種結構化模型是Black和Cox（1976）[48]提出的當資產價值第一次大幅下跌到違約極限值時，無論債務是否到期，違約都會發生。該模型假定一個隨時間而定的違約臨界值，隨後學者Leland（1994）、Longstaff和

Schwartz（1995）、Mella–Barral（1999）[49-51]都是以此為基礎建立違約邊界模型和違約回收模型。

簡約化模型（又稱強度模型）將違約看成外生化的違約強度過程所驅動的意外事件。假定資產價值遵循某類隨機過程，違約是隨機事件，其強度可定義為隨某個基本狀態變量或驅動因素而變的量，即可表述為公司中可觀測到的特有變量和宏觀經濟變量的函數。其主要貢獻者有 Duffie（1996）、Jarrow 等（1997）、Lando（1998）[52-54]。Duffie，Saita 和 Wang（2007）[55]在沒有考慮不可觀測變量或者遺漏變量對違約概率的影響下，構建了以隨機違約強度和動態的潛在時變量組成的聯合模型，並提出違約概率的期限結構的似然估計法。簡約化模型的信息是由市場中的歷史或者當前數據確定的，建模過程相對較簡單。但是其假定違約概率的變化是一個外生過程，而不是依據公司的信用信息，且沒有與公司的債務結構建立關聯關係，致使模型的現實意義較差。

這兩類模型的違約概率都是依賴於資產負債表比率、商業週期等一些可觀測到的變量。學者 Duffie 和 Lando（2001）、Giesecke（2004）[56-57]在不完全市場信息假設的條件下，通過結構化模型將簡約化模型中的違約強度內生化，從而使兩種模型的特性有機地結合起來。隨後，Benos 和 Papanastasopoulos（2007）[58]在假定更複雜的資本結構、隨機化的違約節點和違約後可部分恢復的條件下，利用財務比率及其他財務數據得到了風險中性下公司的違約距離混合模型。Guo 等（2009）、Ctin（2012）、Hainaut 和 Robert（2014）[59-61]將不完全信息嵌入結構化模型和簡約化模型中，以度量信用風險。Jiao 等（2013）[62]在結構化模型的框架下應用倒向隨機微分方程理論給出了違約邊界強度模型。

同時，國內學者在比較分析和借鑑國外信用風險度量模型

的基礎上，對中國現實經濟問題中的信用風險進行建模分析。一是利用結構方程模型對信用風險相關問題進行建模分析。比如，陳曉紅等（2008）[63]運用結構方程模型，實證分析了中小企業的債權治理機制與企業成長的關係。董乃全（2010）[64]利用中國上市公司的數據，實證比較分析了 Merton 模型和 Leland-Toft 模型計算信用風險的預期違約率的效果，發現 Leland-Toft 模型具有較強的敏感性和有效性。唐齊鳴、黃苒（2010）[65]結合跳躍擴散模型和期權定價的思想，利用股票市場數據分析資產價值變化過程中的跳躍風險，並與純擴散模型進行了對比分析，發現考慮跳躍風險的模型更能反映公司的資產變化情況。二是應用簡約化模型分析信用主體的信用風險相關問題。比如，陳榮達、陸金榮（2012）[66]運用簡約化模型和 Monte Carlo 方法，計算分析可違約零息債券綜合風險 VaR 值。結果發現，風險週期內綜合度量的 VaR 值高於單獨度量利率風險或者信用風險的 VaR 值，且隨著風險期限的延長信用風險占據主導地位。韓立媛、古志輝和丁小培（2012）[67]利用期權定價模型分析了變方差條件下的負債價值與違約概率的關係，發現變方差的模型所描述的負債違約的概率高於固定方差的情況，同時比較分析了有無風險收益率與違約概率之間的關係。三是應用其他模型探討信用風險的相關問題。同時，由於混合模型非常複雜，中國學者很少應用混合模型分析中國的信用風險相關問題，但是有學者對結構化模型、簡約化模型和混合模型進行了對比分析研究。比如，楊星、胡國強（2013）[68]利用生存分析技術研究交易對手不同的信用事件對信用違約互換價格的影響。研究表明，考慮交易對手違約時間的信用違約互換價格（CDS）比不考慮時會更低，參考資產與賣方違約的相關性都影響信用違約互換價格（CDS）的合理定價。周宏、李國平和林晚發（2015）[69]從不同角度對結構化模型、簡約化模型和混合模型三種主流度

量信用風險的方法進行了系統比較分析，並闡述了各自的優勢和不足。

從上述文獻的綜合分析來看，對信用風險建模分析的研究，其假設條件已從完全市場信息轉換為不完全市場信息，並且把單一的結構化模型和簡約化模型統一成兩者結合的混合模型來度量信用風險。信用風險的度量技術更加多樣化，實證與模擬仿真相結合，利用多學科交叉並融合各種經濟理論，使得對信用風險的研究更逼近現實市場的情況。

3.1.2 信用風險的違約相關性

對於信用主體債務組合的風險管理而言，掌握信用主體間的違約的相關性尤其重要。國內外學者利用多種方法對違約相關性做了大量研究。下面主要針對違約相關性的傳統線性相關方法、Copula 模型的優劣及應用以及其他建模方法的研究現狀進行綜述分析。

在很長一段時期，學者們主要通過簡單的線性相關係數（Pearson 相關係數等）分析信用主體之間的違約相關性[70-71]。但實際信用主體之間的資產關聯關係，不是簡單的線性關係，也不是通過簡單的變換轉化為線性關係，而是複雜的非線性關係。為了更好地刻畫信用主體之間的資產關聯關係，學者們提出了改進的相關係數（偏相關係數、時變相關係數）、動態相關模型、灰色關聯等方法[72-74]。現代的市場經濟日趨複雜化和一體化。大量實證研究表明，信用主體之間資產關聯關係呈現出非線性、非正態、非對稱和尖峰厚尾等特徵[75]，用上述模型捕捉這些特徵往往具有一定的局限性。但 Copula 函數的引入，對於研究信用主體之間的資產關聯關係起著巨大的推動作用，同時也促進了信用風險管理水平的提高。

Copula 模型是一種較靈活、穩健的關聯分析技術，對於研

究數據序列的複雜特徵具有獨特的優勢，能刻畫數據之間的各種相依結構。所謂 Copula 函數，是指連接多個變量的邊際分布和聯合分布的一類函數。它刻畫了多個變量之間的相關結構。它是通過把原來各個隨機變量變換成在 [0, 1] 上均勻分布，從而構成多元均勻隨機變量的一個概率函數。Copula 函數使得生成的新函數具有更好的分析性質，可以在應用中利用更多的數學工具，為解決現實問題提供比較便捷的途徑。Sklar (1959)[76]給出了多元連續隨機變量分布函數與 Copula 函數的充要條件。該定理表明，相依性建模的邊際統計特徵和它們的相依結構分開，以至於可以為每個獨立的隨機變量建模。同時依據生成原理，Copula 函數可分為 Elliptical Copula、EV Copula、Archimedean Copula 和 Archimax Copula 等族類，並且不同的族類中又有許多具體的 Copula 函數，每個 Copula 函數表現出不同的特徵。因此，在實際應用中，根據不同的實際問題和選擇的標準，可以選擇適合解決問題的 Copula 函數。

近些年來，隨著 Copula 模型應用範圍的擴大，國內外大批學者發展和改進了 Copula 模型，從不同角度對 Copula 模型的相關理論和應用進行綜述分析。Nelsen (2006)[77]系統地總結了 Copula 函數的相關理論。Cherubini 等 (2004)[78]總結分析了 Copula 函數在金融學中的應用。Patton (2009)[79]綜述分析 Copula 模型在金融和經濟時間序列的廣泛應用，並探討了橫截面數據之間、單變量時間序列數據及標量時間序列過程之間的相依特徵。Genest 等 (2009)[80]通過對有關 Copula 研究的文獻的計量統計，分析了 Copula 理論在數學、統計、金融、保險精算等領域的應用與發展，並探討了一些學者對這些領域的貢獻，同時提出了 Copula 理論發展和應用的前景。Kolev 等 (2009)[81]借助於 Copula 函數在保險中的應用，綜述分析了基於 Copula 函數的幾個迴歸模型。Patton (2012)[82]評述了 Copula 模型對經濟

時間序列的估計和推斷、擬合優度檢驗以及應用。吳慶曉、劉海龍（2011）[83]探討了各種 Copula 模型的特徵、用途及在風險管理領域中的應用，並給出選擇 Copula 模型的一種方法。

Copula 模型在捕捉非線性相關結構的特徵方面比經典的相關係數具有更大的優勢，許多學者運用它研究金融市場的非線性相關問題。張堯庭（2002）[84]論述了用什麼指標刻畫隨機變量間的相關性更優，並提出 Copula 函數能更好地刻畫隨機變量關聯性的特徵。

Copula 函數具有以下優勢：

首先，Copula 函數研究了不同隨機變量間的層次結構的關係，通過不同的層次結構反映了整體的特性，同時也可用來刻畫非線性關係和保持嚴格的單調不變性。利用 Copula 函數度量關聯性比傳統的相關係數更能接近現實，並且它所度量的範圍要比傳統的相關係數更廣。Copula 函數不僅可用於傳統的相關係數，也可利用坎德爾系數和秩相關係數研究隨機變量之間的一致性，它們都有保持單調不變的特性。Copula 的尾部相關係數，即隨機變量同時達到上尾或者下尾兩種極端情況的相關性，可用來研究金融市場出現極端變化時的特徵。

其次，Copula 函數的種類繁多，各種 Copula 函數具有不同的特性，可根據不同的金融市場和信用主體的特徵選擇不同的 Copula 函數。正態 Copula 函數具有對稱性、集中性、均勻變動性等特性，但在刻畫現實情況時有很大的局限性，所以主要應用於極限的情況。在研究尾相關性時，Gumbel Copula 函數只具有上尾相關性，Clayton Copula 函數只具有下尾相關性，而 Archimedean Copula 函數族中有一個函數類同時具有上尾和下尾相關。在估計資產風險相依性時，正態 Copula 函數低估向下的風險而對分散投資過於樂觀，Gumbel Copula 函數高估風險而對分散投資過於悲觀，Student-t-Copula 函數介於兩者之間，並且它們在

统計上都是顯著的[85]。在應用 Copula 函數解決問題的時候，根據實際情況和 Copula 函數的構造方法，可以構造出適合具體問題的 Copula 函數。這對研究實際金融問題和規避風險具有極大的促進作用。

最後，Copula 函數與其他理論工具相結合研究信用風險等金融風險有極大的優勢，比用單一工具研究問題更符合實際情況。比如研究信用風險時可嵌入結構化模型或簡約化模型，與 VaR、CVaR、GARCH、GARCH-M、極值理論等模型[86-87]相結合研究金融市場風險的特性。這些對於分析金融風險的規律，實際量化金融風險都有明顯的優勢。

在 2008 年全球金融危機爆發前，金融、保險等領域的理論界和實務界，對 Copula 函數的應用持一種「狂熱」態度。因此，有些學者對 Copula 理論瘋狂的應用提出了質疑。比如，Mikosch（2006）[88]把它比作「皇帝的新裝」，Embrechts（2009）[89]闡述了 Copula 模型的一些重要發展和未來發展的前景，並提出研究和應用 Copula 理論必須讀的一些文獻。

總結這些學者的觀點，Copula 模型的局限性主要表現為以下幾點：

首先，Copula 函數只是由原來的概率分布函數經過變換形成的新的概率分布函數，本質上是通過均勻分布標準化的一個概率模型。因此，原來的隨機向量與生成的隨機變量不一定有相同的相依結構。Copula 理論在一定的假設條件下與概率理論聯繫起來，其數學邏輯比較嚴密，但其應用有許多的限制條件。現實中金融風險複雜多變，僅用 Copula 函數刻畫關聯主體資產的關聯性並不能充分反映風險的特性。是否有統一的變換方法把一般的概率模型都標準化？是否有構造關聯函數的其他方法？能否通過幾種量化的方法刻畫金融風險的不同特性，並全面反映金融風險的特徵？解決這些問題需要對 Copula 函數的理論進

行創新。

其次，Copula 函數是考慮整體與部分的一個連接函數，整體與部分的關係在現實中不是簡單的連接，它們之間還受其他客觀條件的影響。比如考慮不同區域股票市場風險間的關聯性，它們還受到各個區域宏觀經濟政策、政治環境、企業領導人變動、自然灾害的不確定性、其他一些突發事件等因素的影響，這些都會影響股市風險之間的關聯性。單純地用 Copula 函數刻畫幾個區域股票市場風險的關聯特徵，只是從數據的統計規律反映股市間的局部特徵，並沒有反映股市間的所有關聯特徵。因此，Copula 函數只是反映了關聯主體之間資產關聯風險的局部規律，並不能解決風險的全部問題。

再次，Copula 函數的種類比較多，但 Copula 函數的選擇沒有統一標準。針對 Copula 函數的多樣性，國內外學者提出了選擇 Copula 函數的各種判斷方法：擬合優度檢驗法、貝葉斯法、Anderson－Darling（AD）、Kolmogorov－Smirnov（KS）、Cramer－Von Mises（CM）和核密度等選擇方法[90-92]。這些選擇方法在數學上較簡單，但它們的應用原理基本上模糊不清。金融行業的管理人可能會根據自己的偏好選擇不同的 Copula 函數，考慮到解決信用風險等金融風險問題的經濟性和時效性，在現實的應用中存在誤用和濫用的現象。

最後，Copula 模型在如何解決「維數灾難」這個問題上並沒有提出令人信服的方法。目前，提出的 Vine－Copula 或者 Pair-Copula[93] 模型能否解決這一問題有待商榷。此外，隨機過程和時間序列分析的理論框架比較成熟，學者們也沒有就 Copula 模型如何融入這一框架提出相應的理論。Copula 模型的統計理論也比較匱乏，比如無法對 Copula 函數的估計進行敏感性分析和擬合優度檢驗。這些都是經典的概率和統計的內容，而 Copula 理論對此類問題的解決尚不多見。

以上論述了 Copula 模型在研究信用風險應用中的劣勢和優勢。在解決信用風險的問題上，Copula 模型不失為分析問題的一種好工具。但把它作為萬能鑰匙，可能會導致 Copula 模型在信用風險管理中的濫用和誤用。

Copula 模型不但在信用風險管理中應用廣泛，還應用於金融行業中的各類風險管理。但把它作為萬能的工具，認為它能解決各種金融風險的所有問題，這種觀點值得商榷。合理、正確地理解和運用 Copula 模型，有助於正確地對待金融行業中的各類風險問題。濫用或者誤用 Copula 模型，不利於金融風險管理理論的發展，甚至會造成現實中金融風險管理的巨大損失。

特別地，Copula 模型在研究違約相關性具有一定的優勢，該方法既能適用於結構化模型也能嵌入強度模型。Li（2000）[94]用 Copula 函數研究了信用資產違約的相關性。Schönbucher 和 Schubert（2001）、Frey 和 McNeil（2001）、Mashal 和 Naldl（2001）、Gagliardini 和 Gouriéroux（2005）[95-98]結合結構化模型和簡約化模型進一步探討了違約相關性。

同時，國內學者也應用 Copula 模型對違約相關性進行了大量的研究。張根明、陳曉紅（2008）[99]利用 Frank Copula 函數構建混合違約風險度量模型，探討了中國交叉持股上市公司的相依違約風險，並比較了未考慮和考慮相依違約的違約風險度量結果，以及分析了公司間相依違約差異對違約風險度量結果的影響。陳正聲、秦學志和王玥（2010）[100]應用蒙特卡洛法模擬，揭示了扭曲 Copula 函數比標準 Gaussian Copula 函數刻畫尾部相關更具有優勢；利用扭曲 Copula 函數定價籃式信用違約互換，並通過分析折現支付函數的敏感性，得出扭曲 Copula 函數可作為籃式信用違約互換定價與風險對沖的有效工具之一。尹群耀等（2012）[101]應用信用違約序列生成的事件域研究違約時間概率及其分布函數結構的信用風險傳染模型，並引入 Gumbel

Copula 函數對公司的條件生存概率分布的影響因素進行仿真實驗。結果表明，對信用風險的傳染效應和公司的條件生存概率影響顯著的主要因素有信用違約的相關性、序列性以及信用違約強度。羅長青、歐陽資生（2012）[102]利用藤結構 Copula 函數構建了基於行業的多元信用風險相關性度量模型，並通過分析 2006 年 6 月至 2010 年 12 月中國上市公司的數據估計該模型的相關參數，進而探討了多個行業信用風險的相關性。研究發現，Canonical 藤結構更適合度量信用風險的相關結構。卞世博、劉海龍（2013）[103]利用簡約化模型構建含有債券組合違約相關的最優投資模型，發現股票的投資與 Merton 模型一致，債券的投資策略與信用事件的跳躍風險溢價、違約損失率、違約強度、剩餘投資期限和風險規避系數相關。

在探討了傳統方法以及 Copula 模型刻畫違約相關性的優劣的基礎上，下面分析刻畫脆弱違約相關性的研究現狀。Koopman 等（2008）[104]在假定公司從一個信用等級向另一個信用等級的轉換強度依賴於共同不可觀測因素的情況下，引入了公司信用等級的動態違約脆弱模型。Duffie 等（2009）[105]研究發現仍然存在大量基於脆弱性的違約相關性。Lando 和 Nielsen（2009）[106]除了選取了 Duffie 等（2009）中的所有協變量之外，還增加了一些財務比率變量，發現擴展後模型更能獲得可觀測協變量的違約相關性。Collin-Dufresne 等（2010）[107]研究發現，一家企業發生的重大信用事件與其他企業的信用利差的顯著增加相關，並與實際或風險中性的違約概率的脆弱性保持一致。Azizpour 等（2015）[108]探討了脆弱性的違約相關性模型中以往違約事件的影響。一些國內學者主要從期權定價上探討了脆弱的違約相關性。比如，陳正聲、秦學志（2011）[109]建立了交易對手的非線性環形違約簡約模型，探討了信用違約互換與脆弱歐氏看漲期權的定價。研究發現，交易對手之間的環形違約行為影響意味著更

大的信用風險暴露。李平、曲博和黃光東（2012）[110]利用 Fréchet Copula 和相關性測度 Kendall τ 探討了脆弱期權行權的可能性與對手方違約之間的相關結構問題，給出了歐式脆弱看漲期權的定價公式，並在分析 Kendall τ 和標的資產價格與執行價格比率的不同數值的基礎上，分析了歐式脆弱看漲期權的價格的敏感性。

一些學者從資產關聯的角度探討了違約相關性。比如，Gordy（2003）[111]指出，條件違約概率的共同風險因素決定了其違約相關性。Neu 等（2004）[112]在公司資產相依和共同風險因子的條件下建立了銀行信貸組合的信用風險模型，並用蒙特卡洛模擬法分析其優勢。劉堃等（2009）[113]根據風險相關性原理和多米諾骨牌理論，從企業關聯關係和信貸行為角度構建信用風險的預警模型，並利用某銀行的數據驗證了該模型的可行性。

3.1.3 信用風險的傳染

在現代市場經濟中，信用主體之間通過資產紐帶、商品的上下游分工協作、供應鏈和銷售網路等商業信用關係構成複雜的關聯結構。如果關聯結構中某個信用主體發生違約，將通過信用主體之間的經濟聯繫影響到與之直接關聯的信用主體，使與之關聯的信用主體信用質量下降或者惡化，這就是信用風險的傳染效應。Lang 和 Stulz（1992）[114]通過實證研究發現，違約的企業對未違約企業的股票收益和違約概率都有顯著影響，也就是說信用風險具有傳染效應。Davis 和 Lo（2001）[115]探討了一個債務方的違約致使其他債務方發生違約的風險增強。所謂信用風險傳染，是指由於一家信用主體違約而引發其他信用主體的信用質量下降或者違約的現象。信用主體之間的微觀經濟聯繫決定了信用風險傳染現象的發生。自從信用風險傳染致使美國次貸危機擴大化，信用風險傳染現象也越來越常見，國內外

許多學者對信用風險傳染問題進行了多方位的研究。

信用風險的傳染可能引發很多信用風險事件，一家信用主體發生信用風險的衝擊最初只影響到與其直接關聯的信用主體，隨著關聯信用主體信用質量的進一步惡化，可能會使其他行業或地區也陷入困境中。當前學術界對信用風險傳染形成機制的認識主要有兩種觀點：一種觀點認為信用風險傳染者與被傳染的信用主體之間存在內在的因果關係；另一種觀點認為信用風險的傳染源於信息效應。第一種觀點主要是指一家信用主體的信用狀況惡化直接影響其融資能力而致使其違約，導致與其關聯的信用主體的信用狀況也惡化，或者信用評級下降，引起信用風險在關聯信用主體間傳染。比如，Kiyotaki 和 Moore (1997)[116]通過研究發現在關聯企業之間，一家企業違約可能導致一系列企業破產，並且這種現象在經濟蕭條時期更容易發生。Allen 和 Gale (2000)[6]認為，企業之間的資產關係和買賣雙方的貿易關係等都是信用風險傳染的渠道。Jarrow 和 Yu (2001)[117]通過跳躍過程建立企業隨機簡約化模型，以研究企業之間的信用風險傳染。這種傳染來源於企業之間的直接經濟關係，一家企業違約可能導致另一家企業違約，反之則不成立，即信用風險傳染是不可逆轉的單向因果關係。而 Allen 和 Carletti (2006)[118]通過研究銀行與保險業之間的信用風險轉移，發現信用風險在兩個行業之間相互傳染，即信用風險傳染具有雙向因果關係。第二種觀點，主要是指當投資者獲得某個信用主體違約的信息後，便會對與其關聯的信用主體的信用質量進行重新認識或者評估並修正，從而引發其他信用主體也發生信用風險。比如，著名的「安然事件」在一定程度上揭露了其他企業也可能存在會計上的舞弊行為。Schönbucher (2003)[119]從信息角度構建簡約化違約傳染模型，解釋了信用風險傳染不是通過債務方違約而引致的直接因果關係，而是債權方所掌握的關於債務

方信用質量的信息不完全導致的。Giesecke 和 Weber（2004）[120] 證實了投資方根據違約的信息，重新調整或評估其他債務方的信用質量。

隨著金融危機在全球或者區域範圍內屢次發生，國外學者從多個角度研究信用風險傳染的各種問題。Jarrow 和 Yu（2001）、Hull 和 White（2000）[117,121] 利用簡約化模型研究信用風險傳染問題。Yu（2003），Jarrow 等（2005）[122-123] 研究了信用風險傳染對違約定價的影響。Giesecke 和 Weber（2006）[124] 通過構建動態信用風險傳染模型，探討了信息風險傳染現象和投資組合的波動性特徵。Jorion 和 Zhang（2007）[125] 通過研究發現，信用違約掉期定價對相關違約企業的反應具有傳染性。Martin 和 Marrison（2007）[126] 構建了包含企業之間的異質性的信用風險傳染模型。研究發現，如果一家企業發生信用違約，與其關聯的企業之間易引發連鎖反應。Egloff 等（2007）[127] 討論了包括債務方信用投資組合的宏觀和微觀相互依賴的信用風險傳染模型，表明適度的微觀相互依存關係對損失分布尾部有顯著的影響。Hatchett 和 Kuehn（2009）[128] 研究了單個企業的違約概率、資產組合和經濟規模對信用風險傳染的影響。Kchia 和 Larsson（2011）[129] 在假設違約時間的條件密度存在的情形下，將含有簡約形式和濾子的信用風險傳染模型擴展到多重無序違約模式，證實了違約之間的強相關性導致無序和有序違約有顯著的差異。Gefang 等（2011）[130] 通過建立結構化模型，採用貝葉斯計量方法實證分析了 2007—2009 年期間銀行流動性和信用風險在金融危機中所起的作用。研究發現，金融危機爆發後的短期內主要是流動性起主導地位，長期內主要是流動性風險與信用風險共同起著明顯的作用，同時流動性風險比信用風險更不穩定。

國內學者依據中國實際經濟情況也對信用風險傳染做了大量的研究。比如，王倩和 Hartmannwendels（2008）[131] 在結構化

模型的框架下，構建了信用風險傳染模型，並分析了信用風險傳染對信用衍生品定價的影響。陳林、周宗放（2009）[132]在結構化模型的框架下，研究了母子公司相關性及其股權比重對信用風險傳染的作用。鄭玉華、張滌新（2009）[133]構建了信用風險傳染現象的條件自迴歸持續期模型，並模擬分析了違約之間的時間間隔的統計特徵以及一段時期內違約數量的分布狀況。熊正德、冷梅（2010）[134]運用 KMV 模型計算中國上市公司的違約距離，並將違約距離作為信用風險的指標，利用 Apriori 算法揭示了上市公司之間的信用風險傳染效應。王安嬌、吳彥瑾和葉中行（2011），張蘇江、陳庭強（2014）[135-136]在強度模型和簡約化模型的框架下，研究了信用風險傳染對金融衍生品定價的影響。王貞潔、王竹泉（2013）[137]探討了企業自發的融資活動與正式渠道融資之間潛在的聯繫，研究了經濟資金的融資結構，發現經濟危機期間信用風險傳染效應對外向型電子信息產業上市公司營運資金融資結構有顯著影響。尹群耀等（2012）[138]利用濾子理論和簡約化模型，構建了含有信用違約序列特徵和信用違約時間概率分布函數結構的信用風險傳染模型，發現違約相關性、序列性以及違約強度都對信用風險的傳染效應存在顯著影響。趙微、劉玉濤和周勇（2014）[139]在簡約化模型中加入了行業之間的傳染效應，探討了美國銀行業、房地產業和汽車業之間的違約相關性。單汨源等（2015）[140]運用 KMV 模型和 Apriori 算法，探討了行業供應鏈中的企業信用風險傳染概率與傳染強度的規律。任碧雲、武毅（2015）[141]利用變結構 Copula 模型實證分析了上市公司之間信用風險的傳染性。結果表明，在計算所選上市公司信用風險違約距離和違約概率的基礎上，上市公司之間存在著明顯的信用風險傳染率。

上述文獻綜述分析了信用風險傳染的形成機制，並應用結構化模型、簡約化模型以及混合模型等方法探討了信用風險傳

染的研究現狀。在理論和實證分析上表明，信用主體之間存在著直接或者間接結構的依賴關係，它們是信用風險的傳染渠道，也就是說信用風險具有傳染效應。同時，信用風險傳染的研究也存在以下幾個方面的不足。首先，需要促進信用主體之間複雜的關聯結構與傳統信用風險傳染研究的有機結合，探索信用風險傳染演化的內在規律。其次，信用風險傳染過程中不只是表現出因果效應和信息效應，更多地表現出其傳染的複雜性和非線性，現在的文獻對這方面的研究很少涉足。再次，對信用風險傳染研究的主要模型是結構化模型和簡約化模型，但這兩個模型分別從外生和內生角度刻畫信用違約，而信用風險傳染過程是許多內生因素和外生因素相互交叉與複合的結果，國內外學者已開始利用混合模型研究信用風險傳染的複雜特徵。最後，在信用風險傳染的研究工具和方法上，已有學者開始應用複雜網路和系統理論、非線性動力學理論、行為經濟學、實驗經濟學和混沌經濟學等新興學科的技術與理論研究信用風險傳染，開創了信用風險傳染研究的新天地，並極大地豐富了信用風險管理理論，但是還沒有形成系統化的理論體系。

3.2　複雜網路應用的研究現狀

很多複雜系統都可以用複雜網路來表示，比如因特網路、生物網路、科研合作網路等。在現實經濟世界中，各類經濟主體經由各種關聯關係構成網路結構，具有複雜網路結構的特徵。我們也能利用複雜網路的相關規律揭示經濟主體的運行規律。學界利用複雜網路理論對很多經濟現象做了大量研究。下面主要針對關聯主體網路的結構特徵和關聯主體網路結構下的風險傳染機制的研究現狀進行深入分析。

3.2.1 關聯主體網路的結構特徵

關聯主體網路是指各類經濟主體由各種關聯關係形成的網路。例如，在現實經濟中，具有各種相互依賴關係的經濟主體構成了關聯主體網路。顯然，關聯主體網路具有複雜網路的特徵，關聯主體網路的結構特徵及風險傳染問題是當前風險管理領域的一大挑戰。從複雜網路的視角來揭示關聯主體之間存在的依存關係正逐漸成為研究的熱點。從2007年爆發的次貸危機以及隨後發生的歐債危機，到最近幾年中國企業之間的各類擔保危機事件，我們可以發現，關聯主體之間的關聯關係進一步擴大了危機的傳染。下面對應用複雜網路相關理論研究關聯主體網路結構特徵的相關文獻進行梳理和分析。

關聯主體間的關聯關係的多樣性，使得關聯主體間的關聯結構複雜多變。學者們從實證或者理論上研究了關聯主體間的複雜網路結構，發現它們具有不同的特徵，展現出不同的演化規律。在國際貿易方面，Wilhite（2001）[142]研究發現，國家之間通過雙邊貿易的選擇機制構成的複雜網路具有小世界網路的特徵。Serrano 和 Boguñá（2003）[143]指出，國際貿易網路表現出無標度特性、小世界特性和高聚集特性等典型的複雜網路特徵。Li 等（2003）[144]通過實證分析了2000年貿易額在100萬美元以上的貿易關係構建的國際貿易網路，發現該網路具有無標度網路的特徵。這些研究都是從節點的關係研究網路的結構特徵，而沒有考慮節點之間的貿易量。段文奇等（2008）[145]探討分析了1950—2000年以貿易流量記錄的貿易關係為邊的國際貿易網路，並分析了該網路的「度」分布、集聚性、「度」相關性等拓撲特徵。研究結果表明，該類網路不具有無標度網路的典型特徵，並且在網路結構演化過程中異質性不斷下降。安海忠等（2013）[146]以2001—2010年180個國家的國際石油貿易量為樣

本數據，構建了以國家為節點、石油貿易關係為邊、貿易量為權重的國際石油貿易無權和加權網路結構，通過分析該網路結構的「度」分布、中心性和加權集聚系數等網路結構特徵參數隨時間變化的規律，揭示出國際石油貿易網路結構的演化規律。

　　銀行和證券公司等金融機構之間通常存在複雜的債權債務關係，使得金融機構間具有高度相依性，由此形成了以金融機構為節點、債權債務關係為邊的金融機構網路結構。一些學者在假定金融機構網路結構為某種具體網路結構的基礎上，從理論上探索該結構下的演化規律。比如，Allen 和 Gale（2000）[6] 研究了四家銀行組成的銀行網路，假定其為完全網路和不完全網路，進而探討銀行間的彈性和風險分擔規律。Cassar 和 Duffy（2002）[147] 將銀行網路節點的連接結構假定為局域網路和全局網路，分析風險與流動性的關係。Nier 等（2007）[148] 將銀行網路結構假定為隨機網路，研究其系統性風險。國內學者也做了一定的研究，如萬陽松、陳忠和陳曉榮（2007）[149] 通過對銀行網路結構特徵的實證研究，揭示了銀行網路具有分段冪律度分布特徵，並提出了一個網路生長模型。研究表明信用拆借能力相近的銀行之間更易於建立信用拆借關係。陳冀、陳典發和宋敏（2014）[150] 提出了異質性銀行網路結構。該結構克服了 Nier 和 Upper 假定銀行網路的局限性，研究網路連通度同業拆借敞口規模、銀行資本充足率等對銀行網路結構穩定性的影響。

　　同時，大量學者利用日本、奧地利、英國、德國、巴西等國家的金融機構數據，通過實證探索分析它們的真實網路結構。研究發現，它們呈現不同的網路結構特徵。有些金融機構網路結構具有小世界特徵。比如，Boss 等（2004）[151] 實證分析了奧地利銀行間市場網路結構的拓撲特徵和規律。研究結果表明，該網路具有小世界性質、群體結構和分層結構的特徵。Bech 和 Atalay（2010）[152] 利用 1999—2006 年 2,415 天的數據實證分析了

美國聯邦基金市場隔夜貸款網路的拓撲結構，揭示該網路具有稀疏性和小世界特性，而有些金融機構網路表現出無標度特徵。Souma, Fujiwara 和 Aoyama（2003）[153]研究了由銀行和金融公司作為節點構成的日本金融機構網路，實證發現該網路具有無標度性質，且其度分布呈現雙冪律分布。Inaoka 等（2004）[154]探討了由日本的銀行、證券公司和其他金融機構通過信用貨幣關係構成的金融機構網路的結構特徵及演化規律。研究結果表明，該類網路的累加度分布服從冪律分布，由此證明了所研究的金融機構網路具有自相似特徵；同時，通過網路生長模型進行實證分析，發現冪律分布是一種自組織臨界現象。Soramäki 等（2007）[155]通過分析美國銀行間支付系統網路的拓撲結構，發現該網路具有低的平均最短路徑和連通度、高聚集系數，而且有一個聯繫緊密的 25 家銀行構成的子網路且該網路佔有很大比重的交易量，並且在很大範圍內「度」分布呈無標度分布。Cont 等（2010）和 Moussa（2011）[156-157]利用巴西 2007—2008 年金融機構相互借貸和資本數據，研究巴西不同金融機構間形成的網路結構特徵，發現該網路的連通度和借貸規模具有很強的異質性，其結構可以用無標度加權網路刻畫而不是小世界網路刻畫。

一些金融機構網路結構具有群聚性。例如，Iori 等（2007）[158]通過研究表明義大利銀行間的市場網路結構具有兩個群聚結構：一個是由外國銀行和大銀行構成的，另一個是由小銀行組成的。Cajueiro 等（2008）[159]研究發現，巴西銀行間市場網路結構特徵也具有類似的群聚性，並且還具有高度的異質性。Tabak 等（2009）[160]利用最小生成樹方法研究巴西銀行系統的結構，結果表明私有銀行與外國銀行比較容易形成群聚網路結構，同時規模不同的銀行更易於連接起來而形成群聚網路結構。

另外，Iori 等（2008）[161]通過分析義大利銀行間隔夜市場的網路結構，發現該網路結構隨時間而演化，是略微明顯後尾分

布的隨機網路結構；而且數量相對少的大銀行交易頻繁且交易量大，數量眾多的中小銀行交易不頻繁且交易量小，即網路結構具有高度異質性。Upper 和 Worms（2004）[162]研究發現，德國銀行間的網路結構具有層次特徵。Müller（2006）[163]研究發現，瑞士的銀行間網路結構具有相當稀疏和高度集中的特點。

  國內學者利用中國金融機構的數據從不同角度實證分析了中國銀行網路的結構特徵。龔柳元等（2012）[164]通過對比分析2000年和2009年的上市公司的銀行貸款數據，發現該銀行共同貸款網路具有不同的特徵，並且隨時間變化而變化。蘇明政、張慶君（2014）[165]利用中國上市公司的銀行貸款數據構建銀行共同貸款網路。研究表明該網路具有小世界特性。江若塵、陸煊（2014）[166]通過分析上市企業與金融機構之間的借貸信息數據，構建了金融機構與企業間的信貸關係網路。研究發現，該網路具有異配性和無標度網路特徵，並通過最小生成樹分析，揭示了該網路的層級模塊化特徵。隋聰、王宗堯（2015）[167]研究發現，中國的銀行間網路節點度服從冪律分布，並呈現出無標度網路特徵，而且與奧地利、巴西和美國等國家相比，中國的銀行間網路標度參數最小、集中度最高。吳念魯、徐麗麗（2015）[168]通過分析2007—2012年98家銀行同業機構的同業資產和同業負債數據，構建了中國銀行同業間網路。結果表明，該網路的出度和入度分布以及權分布均呈現冪律分布特徵，也就是說中國銀行間網路具有無標度網路特性。

  在證券網路方面，許多學者從不同角度研究了以股票為節點、股票價格信息為邊所構成的複雜網路。研究發現該網路具有小世界、無標度等拓撲結構特性[169-171]。對於交叉持股構成的網路結構，李進、馬軍海（2009）[172]構建了以持股關係為邊的交叉持股無標度網路及股票價格關聯網路，分析了交叉持股行為對網路結構及股市波動的影響。對於投資網路的研究，

Battiston 等（2007）[173]利用無標度網路理論探討了歐洲區域間的相互投資關係。馬源源等（2011）[174]通過分析滬深兩市 2000—2009 年的上市公司按省份割分的數據，實證發現省與省之間的相互投資網路具有典型的稀疏型無標度網路特徵。

一些學者也對供應鏈網路的結構特徵進行了研究。比如，Sun 等（2005）[175]實證分析了一個具有 390,000 個節點、480,000 條邊的供應鏈網路，結果表明，供應鏈網路的度分布服從冪率分布，並具有無標度網路的特性。Kühnert 等（2006）[176]的研究表明城市物資的供應網路具有無標度特性。Huang 等（2007）[177]建立了由網路增長、新節點的加入和節點企業關係構成的供應鏈網路生成模型，研究了該網路動態演化的統計特性，並表明其具有無標度特性。陳曉、張紀會（2008）[178]構建了供需網路演化模型，通過數值仿真分析模型的度分布、聚類系數和平均路徑長度，表明該供應鏈網路具有無標度、小世界等複雜網路特性。其他網路結構的研究，如陳子鳳、官建成（2009）[179]研究了 9 個國家和地區 31 年的專利合作數據，實證分析發現研發合作網路具有小世界的特徵。孫耀吾、衛英平（2011）[180]從 NW 小世界網路視角，揭示了高技術信用主體聯盟具有知識擴散特性。

從上述文獻分析可知，不同關聯主體所構成的網路結構具有層次性、隨機性、小世界性、無標度性和群聚性等特徵，即關聯主體網路的結構特徵具有複雜性、多樣性和差異性。同時，所分析的關聯主體網路結構都是某個時間點上所具有的形式，也就是說從靜態角度理解這些網路的特徵。實際上，關聯主體網路結構的形式會隨著業務發展、開放度等表現出不同的演化規律，即其網路結構隨著時間變化會演化出不同的特徵。本節通過分析這些關聯主體網路的結構特徵，為本書進一步研究關聯信用風險傳染延遲規律奠定了基礎。

3.2.2 關聯主體網路結構下的風險傳染機制

如前所述，關聯主體所構成的網路結構具有複雜性、動態性等特徵，使得在關聯主體網路的風險傳染表現出不同的規律和特性。下面針對不同關聯主體網路上的風險傳染機制的相關研究現狀進行分析。

3.2.2.1 銀行網路結構下的風險傳染

國內外學者從仿真和實證角度對銀行網路結構上的風險傳染效應做了大量的研究。國外學者在這方面的研究比較早。比如，Allen 和 Gale（2000）[6]研究了不同地區銀行的互聯方式對金融風險傳染的影響。結果表明，完全銀行網路比不完全銀行網路更有彈性且利於分散風險，而不完全網路面對沖擊時更脆弱且很難分散風險。Cassar 等（2002）[147]研究分析了銀行間局部連接或者全部連接時風險傳染速度的快慢。Aleksiejuk 等（2002）[181]研究發現，當銀行間的結構為二維網路和四維網路時，銀行破產的傳染持續時間與傳染程度之間的關係分別為指數衰減和冪律形式；而當銀行間的結構為三維網路時，其呈現出從指數衰減到冪律分布的連續變化。Degryse 和 Nguyen（2007）[182]經研究發現，比利時的銀行間市場從「完全規則網路結構」演化到具有「多個貨幣中心結構」的過程中，伴隨著銀行集中度的提高，以及銀行風險傳染效應的減弱。

學者們也利用隨機網路和分層網路理論探討了風險傳染的相關問題。比如，Iori 等（2001）和 Georg 等（2009）[183-184]基於隨機網路研究了銀行之間的風險傳染效應。Gai 和 Kapadia（2010）[185]討論了服從獨立同分布有向連接的隨機銀行網路結構下遭受意外衝擊的效應，發現金融高連通性有助於減少風險傳染的概率。Freixas 等（2000）[186]經研究發現，具有貨幣中心的銀行分層結構系統更容易發生風險傳染效應。Teteryatnikova

(2009)[187]假定銀行網路度分布是負相關或者服從冪律分布，通過構造分層銀行網路結構，發現該結構下的銀行系統有利於抵禦系統性風險的衝擊。Heise 等（2012）[188]研究了金融機構網路中風險傳染的動態性，指出衍生證券 CDS 造就的風險敞口作為額外的傳染渠道，有助於減少損失但不能排除非常大的尾部風險，在壓力情境下可能擴大風險傳染和損失。Filiz 等（2012）[189]利用代數幾何技術和最大似然估計方法，研究簡單圖中銀行的關聯違約問題，並與正態 Copula 函數一起比較分析了損失分布的後尾性及其相關性微笑。Mastromatteo 等（2012）[190]利用信息傳遞法和最大熵法對比研究了金融網路結構的系統風險，通過模擬分析數據發現信息傳遞法更能刻畫金融網路的實際情況，且能突出金融網路的稀疏性和異質性，而最大熵法低估了風險。

同樣，國內學者從多種角度探討分析了不同銀行網路中的風險傳染效應。比如，龍泉、丁永生（2011）[191]在簡單規則網路中利用流行過程理論研究信用組合的傳染，認為信用風險傳染依賴於初始傳染密度、傳染系數和恢復系數。李守偉等（2011）[192]利用閾值法通過銀行間同業拆借關係建立了銀行的有向網路模型，進而分析中國銀行同業拆借市場的穩定性，以及隨機性攻擊和選擇性攻擊對銀行網路穩定性的影響。研究結果表明，隨機性攻擊使得銀行網路具有較高的穩定性，而選擇性攻擊使得銀行網路具有較低的穩定性。李守偉、何建敏（2012）[193]在構建銀行間市場隨機網路、小世界網路和無標度網路的基礎上，探究了同質和異質下的銀行在隨機性和選擇性衝擊下風險傳染的特徵，結果表明衝擊下穩定最高的為銀行間無標度網路。鄧晶等（2013）[194]構建了銀行間市場網路，其中節點表示銀行、邊為銀行之間的同業拆借關聯關係，研究此網路結構對系統性風險的影響，結果表明銀行間關聯有流動性轉移

和風險傳染兩種作用。鮑勤、孫豔霞（2014）[195]在構建不同銀行間網路結構的基礎上，研究了單個銀行風險對不同的損失率和不同銀行間網路結構的衝擊和影響。研究發現，完全連接網路結構會降低金融風險傳染的概率和影響程度。王曉楓、廖凱亮和徐金池（2015）[196]構造了銀行同業拆借網路，依據統計數據模擬分析了銀行風險的傳染方式和路徑，並探討了無標度銀行網路中的風險傳染效應。石大龍、白雪梅（2015）[197]構建了銀行間有向加權隨機網路、小世界網路和無標度網路，研究分析了在兩類隨機衝擊和兩類目標衝擊下，不同網路結構中風險傳染對系統性風險的影響，發現無標度網路中受危機衝擊時的系統風險小於另兩類網路。孫豔霞、鮑勤和汪壽陽（2015）[198]在銀行間市場網路的框架下，分析了網路結構對銀行間風險傳染的影響，探討了在房地產貸款違約的衝擊下，銀行之間風險傳染和擴散的動態過程。

3.2.2.2 其他網路結構下的風險傳染

學者們對供應鏈網路和資金擔保鏈網路上的風險傳染也做了許多研究。比如，楊康、張仲義（2013）[199]利用複雜網路上的傳播動力學理論，構建了供應鏈網路風險傳播模型（SIS-RP），並以小世界網路為例模擬仿真分析風險的傳染過程，發現各企業提高風險干擾能力有助於遏制風險在供應鏈網路中的傳播。羅剛等（2015）[200]利用 SI 模型研究由企業間擔保關係構建的擔保網路中的風險傳染問題，結果表明網路的拓撲結構決定了網路抵禦風險的能力，不同的風險傳染源影響風險的傳播速度和範圍。

同時，國內外學者也從多個視角分析了網路結構與風險傳染的關係。國外學者在這方面做了許多研究。例如：Müller（2003）[202]經研究發現，銀行系統的網路結構對風險傳染有很大的影響作用，如果忽略銀行網路結構可能造成錯誤分析或者低

估風險傳染的破壞性。Furfine（2003）[203]利用網路分析方法模擬單個銀行倒閉，通過信用違約和流動性衝擊渠道對其他銀行的風險傳染影響，發現美國聯邦基金市場上銀行間的風險傳染程度較低。Stiglitz（2010）[204]運用網路分析方法，在金融機構失去償付能力時，探討分析了規則網路的連通度對其導致的金融機構之間的風險傳染的影響。Haldane（2013）[205]結合生態學、流行病學和複雜網路理論，從多角度研究了金融體系網路的複雜性、多樣性與金融脆弱性之間的關係，並闡釋了該網路結構脆弱性的原因。Chuang 和 Ho（2013）[206]利用國際清算銀行中各個銀行的季度報告數據以及報告國的債務與 GDP 的比率關係，從複雜網路的視角研究了各國主權債的違約風險。

國內學者在此方面也做了諸多研究。例如：馬英紅等（2010）[207]探討了加權網路上的弱化免疫有助於信息擴散的控制，能減弱不良信息對網路整體效率的不良影響。吳寶等（2011）[208]通過分析浙江紹興和臺州企業間的網路結構，探討了社會資本、融資風險網路結構和風險傳染之間的關係。結果發現，社會資本對融資風險網路有負面影響，從而加劇了企業間風險的傳染效應。董建衛等（2012）[209]利用 Cox 比例風險模型研究風險機構的網路位置與退出期限的關係，通過實證分析發現風險投資機構的網路中心位置越高，退出期限越短。湯凌霄、張藝霄（2012）[210]從人員、制度、過程與系統、外部等方面篩選指標，採用網路分析法量化分析銀行的操作風險。陸靜、王捷（2012）[211]利用貝葉斯網路構建商業銀行全面風險的拓撲結構，分析了各類指標對全面風險的影響程度。巴曙松等（2013）[212]從宏微觀角度綜述分析了金融網路的共同特徵和拓撲結構，並分析了網路結構對風險傳染的影響。範宏（2014）[213]構建了包括宏觀經濟趨勢及多期清算的動態銀行網路系統模型，分析了銀行系統風險的累積過程。吳畏等（2014）[214]模擬分析

了單個金融機構破產所產生的風險傳染效應對整個金融體系的衝擊，並探討了網路結構、網路規模及節點對金融系統穩定性的影響。鄧超、陳學軍（2014）[215]參照複雜網路的級聯動力學原理構建了金融風險傳染模型，並模擬了仿真分析模型中各參數對系統風險傳染的影響效應。林琳、曹勇（2015）[216]構造了商業銀行和影子銀行關聯的網路結構，模擬仿真分析了該網路中系統性風險的傳染過程，結果表明，商業銀行同業關聯規模及影子銀行的規模越大，商業銀行越容易感染上風險。晏富貴、倪志凌（2015）[217]構建了引入資產證券化的銀行系統網路模型，並利用現實數據模擬分析，探討了引入資產證券化的情形下，銀行網路各個因素的變動對系統性風險的傳染頻率、傳染範圍的影響。歐陽紅兵、劉曉東（2015）[218]運用最小生成樹和平面極大過濾圖法，分析了金融市場網路的特性；利用節點中心性動態識別金融網路系統的重要性；使用最小生成樹直觀地展現系統性風險的傳染機制。

從上述文獻可以發現，當前的研究主要側重於各類風險在不同類型的關聯主體所構成的不同的關聯主體網路結構中表現出的不同特徵，以及對風險傳染的影響機制；採用的方法大多是結合複雜網路的相關統計指標和特徵，利用模擬仿真方法對上述問題展開分析。

3.2.3　關聯信用主體網路結構下的信用風險傳染

上述文獻基於複雜網路理論研究了市場風險、供應鏈風險和系統風險等的風險傳染效應與影響，但利用複雜網路理論研究關聯信用主體網路的結構特徵和信用風險傳染問題目前還處於起步階段。關聯信用主體網路是指各類信用主體由各種信用關聯關係形成的網路。例如，在現實經濟中，具有各種信用依賴關係的企業、銀行、擔保公司等信用主體構成了關聯信用主

體網路。國外學者運用複雜網路理論探討了信用風險的傳染問題。比如，Giesecke 和 Weber（2006）[124]假定信用主體的業務合作夥伴網路中的局部相互作用引起信用風險傳染，並構建了基於簡約化模型的信用風險傳染模型。研究發現，信用主體之間的業務合作關係是導致信用風險傳染的媒介。Steinbacher（2013）[219]構建了基於銀行間網路的信用風險傳染模型，探討了單個銀行和銀行系統受到異質性和系統性衝擊所產生的效果。研究發現，信用風險對網路的拓撲結構具有高度的敏感性，並展現出非線性特徵。國內學者對這方面的研究進行了嘗試。陳庭強、何建敏（2014）[220]構建了含有關聯信用主體行為因素的信用風險傳染的網路模型，應用仿真技術研究分析了關聯信用主體網路的結構特徵，揭示了社會網路中信用主體之間存在的一些關聯關係，並研究了關聯信用主體的風險態度和信用風險的抵禦能力，討論了金融市場監管者的監控強度對關聯信用主體網路中信用風險傳染的影響機制。

　　隨著市場經濟的快速發展，信用主體之間的信用關聯關係更趨於複雜化和多樣化，信用風險在關聯信用主體之間的傳染規律也更多變，信用風險的傳染更具動態性、擴散性和複雜性。關聯信用主體之間的信用風險傳染可能在關聯信用主體網路中產生多米諾骨牌效應，引發次貸危機、歐債危機以及連還貸、擔保危機等。本節對上述文獻的分析，為本書進一步研究關聯信用主體之間關聯信用風險的傳染規律，奠定了良好的基礎和提供了新的視角。

3.3 延遲效應和免疫治理應用的研究現狀

在自然界中，複雜網路大多呈現出複雜系統的特徵，特別是複雜網路系統的演化過程具有延遲效應、免疫性等典型的複雜系統特徵。下面簡要概述複雜系統的延遲效應和免疫治理及其應用的研究現狀。

3.3.1 延遲效應應用的研究現狀

延遲效應存在於經濟管理諸多領域。在供應鏈管理中，延遲是指在客戶訂單確定前，產品的外觀、形狀或生產、組裝、配送等都應盡可能往後推遲。國內外學者主要側重於延遲策略方面，並對此做了大量研究。比如，Bucklin（1965）[221]認為如果生產和流通環節延遲到訂單確認後，可以使風險減少甚至消除風險。Van 和 Remko（2001）[222]概括分析了延遲策略理論的發展過程。劉蕾等（2012）[223]通過構建考慮延遲交貨的供應鏈訂貨模型，探討了延遲交貨風險和需求風險的分擔。張克勇等（2014）[224]應用博弈理論分析了不確定條件下供應鏈定價延遲策略模型。結果表明，市場的不確定性風險可以通過定價延遲策略降低，有助於提高銷售商的期望利潤。蔣麗、梁昌勇（2015）[225]將延遲效應引入配送調度，構建了帶延遲因子的滾動調度模型，研究訂單隨機到達、準時配送的 Supply Hub 的出庫調度問題。

其他經濟管理問題中也可能具有延遲效應。比如，Li 等（2014）[226]通過構建引入時間延遲的股票價格動力學模型，探討了金融危機中的信息延遲對股票價格穩定性的影響，並分析了延遲時間、初始投資時間和買入價格對股票投資風險與收益的

影響。劉慧、綦建紅（2015）[227]從實物期權的視角探討了中國企業對外直接投資時機的選擇問題。研究表明，缺少投資經驗、東道國較大的風險以及較遠的距離等原因，都可能使企業延緩投資，國有企業比非國有企業有較長的投資延遲時間。

特別地，在探討信用風險延遲效應方面的研究，還處於起步階段。管丹輝、周宗放（2013）[228]利用簡約化模型建立了企業集團信用風險延遲效應模型，並通過多智能體仿真分析該模型。研究發現，企業集團中初始違約比例隨著信用風險延遲效應強度的增強而減少，即兩者之間存在負相關關係；延遲效應強度隨著企業集團內部企業間關聯關係的緊密程度而變化。楊揚等（2014）[229]應用多智能體仿真分析了企業集團規模、外部市場環境、子企業行為之間的相互關係。研究發現，企業集團的規模優勢和良好的外部環境都有助於延遲信用風險暴露。

3.3.2　免疫治理應用的研究現狀

免疫系統是指生物機體內所具有的免疫應答和免疫功能的獨特系統。由此發展起來的免疫理論為探討生命奧秘提供了理論基礎，並且該理論已廣泛應用於生物、醫學、網路安全、管理科學等領域，得到了長足發展。下面分析免疫治理理論在經濟管理中應用的相關研究現狀。

國內外學者把免疫治理理論應用於企業的內部控制和風險管理方面，為企業風險管理提供一種新的思想和方法。比如，Brass（1995）[230]通過研究表明組織免疫力體現出組織與外界環境變化的相適應性。史麗萍等（2012）[231]以組織特異性免疫為切入點，利用投影尋蹤法和強迫進入法對組織質量監視、防禦和記憶的質量績效提升路徑框架進行實證分析，研究發現組織質量防禦影響質量績效的直接效應最大，其次為組織質量監視和記憶。楊興龍等（2013）[232]運用功能分析法，探討了免疫系

統理論的內涵，分析了內部控製的本質、監管邏輯、實施導向及其作用和功能等問題。史麗萍等（2015）[233]從組織質量特異性免疫角度，探討了組織質量績效提升的直接路徑和間接路徑。許暉等（2011）[234]以一家科技型中小企業為例，利用組織免疫的思想構建了企業風險應對機理模型，探討了科技型中小企業如何應對環境風險問題。王德魯、宋學鋒（2011）[235]通過構建企業的脆性風險綜合控製模型，探討了免疫、隔離和綜合控製這三種策略對脆性風險控制的優勢，發現從最小成本角度來看，綜合控製策略成本最小，其他兩種策略依賴於初始條件和臨界參數。楊青、劉星星等（2015）[236]利用免疫學理論並結合複雜系統理論，構建了非常規突發風險識別模型。模擬實驗研究發現，非常規突發事件的免疫反應具有較大的不穩定性，能量波動也比較大。

　　以上利用免疫的思想從不同角度研究企業的風險管理問題，為企業的經營管理提供一種新的視角。在由關聯企業構成的關聯主體網路結構（簡稱關聯企業網路）中，如果其中某些企業不能很好地處理所面臨的危機或者風險，將給其他關聯的企業帶來相應的損失。目前，利用免疫治理理論探討信用風險傳染免疫的相關研究文獻很少。李麗、周宗放（2015）[237]構建了企業集團信用風險傳染的隨機動態模型。研究發現，提高單位時間內信用風險的治理率，可以有效控製企業集團內部信用風險的傳染過程。關聯企業網路結構下的信用風險傳染免疫與生物免疫具有很多相似之處，並且免疫系統具有對風險信息加工處理、異常檢測、動態穩定等良好特性。這為關聯企業防範信用風險的傳染提供一種新的思路和方法。因此，在關聯企業網路結構下，建立信用風險傳染的免疫機制對於抵制信用風險對關聯企業的侵害，確保整個關聯企業網路的穩定性和信用風險的可控性具有重要的理論和現實意義。

3.4 本章小結

本章概括分析了信用風險理論、複雜網路理論、延遲效應和免疫治理策略及其應用的研究現狀，通過挖掘這些理論的優缺點，剖析相關文獻研究的進展，進而提煉本書研究的內容。這為深入探討在關聯信用主體網路結構下的關聯信用風險的傳染延遲和免疫效應，提供了研究的思想方法和工具，並奠定了研究的基礎。

首先，本章在回顧信用風險概念的基礎上，簡要概括了結構化模型、簡約化模型以及混合模型等度量信用風險的研究現狀，進而分析了違約相關性和信用風險傳染的研究進展，並重點探討了Copula模型在信用風險管理中應用的優缺點。這些研究內容極大地豐富了信用風險研究的內涵，有助於提高信用風險管理的水平。經濟主體之間信用風險的相依性並非簡單的線性關係，而是呈現出複雜多變的特徵。換言之，在關聯主體網路結構下，關聯主體之間信用風險的傳染過程必然具有複雜化、系統化和網路化等特徵，因此，必須用新的方法和思路來探討關聯主體網路結構下信用風險的傳染和免疫效應。

其次，本章概括分析了小世界網路和無標度網路等複雜網路的結構特徵，並總結了經典的病毒傳染模型以及基於小世界網路和無標度網路的傳染模型。這些研究結果表明，通過資產關聯關係構成的關聯信用主體網路結構具有小世界和無標度網路的特徵。進一步，本章歸納了國內外學者對關聯主體網路結構特徵和關聯主體之間風險傳染機制的研究現狀，發現大多數文獻主要探討的是關聯主體網路結構下的市場風險、系統風險等風險傳染的規律和特徵，而應用複雜網路結構模型來研究關

聯主體網路結構下信用風險傳染的文獻非常少。

最後，本章整理分析了延遲效應和免疫治理策略及其應用的研究現狀。在現實中，關聯信用主體網路中信用風險的傳染和演化過程具有顯著的複雜系統特徵，而延遲效應和免疫性是複雜系統的重要特性，因此，本書可以借鑑延遲效應和免疫治理的思想，探討關聯信用主體網路中信用風險的傳染延遲和免疫治理問題。

綜上所述，本章對相關研究文獻的分析，將為後續研究提供有力的工具和思想方法。本書在綜述分析複雜網路的相關理論以及探討關聯主體網路的複雜系統特徵的基礎上，對關聯信用主體網路中信用風險的傳染延遲和免疫效應展開研究具有重要的理論和現實意義。

4　關聯信用風險的主要特性

4.1　引言

　　隨著中國經濟發展進入中高速增長階段，產業結構得到進一步優化和調整，以及信用主體的市場地位進一步確立，信用經濟正逐步成為中國經濟發展的主導力量。另外，隨著全球經濟和金融發展呈現一體化趨勢，信用主體之間的信用交易日趨頻繁。在信用主體面臨的諸多風險當中，關於關聯信用風險的研究正逐步成為學者們關注的重點和熱點。

　　關聯信用主體之間的關聯關係是一種結構關係，發生於存在各種聯繫的關聯信用主體之間。由於關聯信用主體之間通常具有不同形式的關聯關係，不同的關聯信用主體依據現實環境和關聯結構會表現出不同的特性，致使關聯信用風險傳染更具有隱蔽性，因而發生其間的關聯信用風險對每個關聯信用主體造成的影響也不完全相同。在關聯信用主體構成的網路結構中，如果其中某些關聯信用主體發生信用違約風險，信用風險將通過關聯信用主體之間的關聯渠道，使其他關聯信用主體也感染上信用風險，進而出現多米諾骨牌效應，由此形成了關聯信用主體網路結構下的關聯信用風險傳染鏈。因此，為了防止關聯

信用風險的傳染鏈的形成，學界和實業界都迫切需要研究關聯信用主體網路結構下關聯信用風險的傳染規律。

關聯信用主體自身具有的某種特性（比如免疫、不完全免疫性等），以及關聯信用主體的行為或者其受外界干擾的情形，都會影響關聯信用風險在關聯信用主體網路中的傳染過程。在關聯信用主體網路中，如果某個或者某些關聯信用主體發生了信用危機，但是其他與之關聯的信用主體自身採取了積極的救助措施或者受到其他關聯信用主體的救助或干涉，可能使與之關聯的信用主體或者整個關聯信用主體網路不會立即爆發信用危機，即關聯信用風險在關聯信用主體網路中的傳染具有延遲效應。不同的關聯信用主體網路往往表現出不同的特性，使得關聯信用風險的傳染延遲在不同的網路結構下會展現出不同的規律。因此，關聯信用風險傳染的延遲效應也是相當複雜的。

本章將分別對關聯信用風險的概念和成因，複雜網路結構下的關聯信用風險，以及關聯信用風險的傳染效應、延遲效應和免疫性等主要特性進行了詳細的探討分析。

4.2　關聯信用風險的概念

信用作為人類社會發展過程中的一個經濟範疇，反映了各個信用主體之間的相互關係，也是經濟市場化高度發達的產物。同時，隨著全球經濟一體化的不斷深入發展，信用主體之間的信用關係越來越複雜化和普遍化。信用關係是信用主體實施經濟行為而結成的關係，體現了信用主體各方的經濟利益和經濟運行的關係。這種關係反映了信用主體之間的產權關係。信用關係的發展，拓展了信用主體之間商業活動的時空限制。比如，一家企業要將產品銷往世界各地，如果沒有良好的信用關係就

建立不起完整的分銷商和經銷商網路。但是，信用也是一把雙刃劍，許多信用主體不能及時回收資金，造成信用主體無法正常營運，甚至會面臨經營危機而瀕臨破產倒閉。在信用經濟時代，信用主體無法忽視，也無法逃避信用帶來的喜與憂。信用關係受到各方面因素的制約，給信用主體之間的信用關係帶來許多不確定性。這種不確定性會為信用主體帶來損失或者信用等級的下降，即信用主體遭受了信用風險。

關聯信用主體之間通過關聯交易、抵押或質押、資本關係、供應鏈關係、金融衍生品和企業領導人的多種角色等關係建立了內在的連接機制，使得關聯信用主體之間形成了複雜的關聯結構關係。信用主體之間的關聯關係主要有以下三種。①關聯信用主體之間的交叉持股、債務關聯、信用擔保或互保以及以信用衍生品等資產為主的關聯關係，簡稱資產關聯。比如，企業集團內部成員企業之間的關係，企業之間的「三角債」所形成的關係，等等。②關聯信用主體之間通過供應鏈上下游企業、關聯企業之間的關聯交易等業務形式或者以交易為主形成的關聯關係，簡稱交易關聯。如企業之間的商品交易、信用衍生品交易等。③關聯信用主體的實際控製人之間存在關聯關係，如公司的管理層在多個公司擁有不同身分、家族企業之間的親緣關係等，簡稱人際關聯。關聯信用主體之間的不同類型的關聯關係相互交織在一起，使得關聯關係具有複雜性和動態性；同時，形成了複雜多變的網狀結構，而關聯信用主體只是網狀結構中的一個節點。可以說，關聯信用主體間的關聯關係是現代社會經濟最根本的關係，也是整個社會經濟賴以生存和發展的基礎。這些關聯關係有助於關聯信用主體獲得更多的經濟效益，同時也給關聯信用主體發展帶來潛在的威脅。在關聯信用主體的關聯結構中，如果某個關聯信用主體受到外界宏觀經濟環境的衝擊或者自身經營效率低下，會使得與其關聯的其他信用主

體的信用關係惡化，從而阻礙與之關聯的其他信用主體的經濟利益。也就是說，某個關聯信用主體發生的信用風險通過關聯信用主體間的關聯渠道會威脅到與之關聯的其他信用主體。

在存在某種關聯關係（如資產關聯、交易關聯或人際關聯等）的信用主體之間，如果其中某一個或者某些關聯信用主體違約或者信用質量下降，導致與之關聯的其他信用主體違約或者違約概率增大，則稱這類信用風險為關聯信用主體之間的關聯信用風險。關聯信用風險是關聯信用主體網路面臨的重要風險。

本書所討論的關聯信用風險僅限於在關聯信用主體之間存在資產關聯關係的情景下，所發生的關聯信用風險。關聯信用主體間的關聯關係不只是利益連接橋樑，也是違約傳播的中間媒介。關聯信用風險是由關聯信用主體網路中某些信用主體的違約觸發的，會造成與該信用主體關聯的其他信用主體陷入困境。關聯信用風險只是信用風險中的特殊表現形式，它與經常所述的信用風險不同之處在於強調關聯信用主體之間的關聯性作用。

隨著現代商業信用進一步發展，關聯信用主體之間的關聯關係日趨緊密，實業界和學界逐漸認識到關聯信用風險的重要性。由於宏觀經濟的不確定性，以及關聯信用主體自身治理能力的缺陷，在複雜的關聯信用主體網路結構中的某些信用主體可能遭受關聯信用風險的影響，危及整個關聯信用主體網路系統的穩定性。因此，這就要求學界重新認識關聯信用風險的研究內容和方法。特別是中國經濟發展進入了轉型期的關鍵階段，各類風險發生的可能性和頻率都在加大，這對關聯信用風險的研究提出了新的要求和挑戰。隨著各類經濟實體乃至政府之間信用交易的日益頻繁，關聯信用風險必將成為信用風險管理領域的新熱點。

4.3 關聯信用風險的成因

　　隨著世界經濟一體化的進程加快和中國經濟進入新常態攻堅期，宏觀和微觀經濟政策和環境變得更加不確定，不同關聯信用主體為了應對這種不確定性和挑戰，使彼此之間的聯繫更加緊密和頻繁。在整體投資環境複雜多變的情形下，對信用主體的治理經營以及關聯信用風險的管理成為信用主體穩定和持續發展的非常重要的一環。關聯信用風險發生於關聯信用主體之間，其形成原因依據關聯信用主體的行為可分為主觀原因和客觀原因。最根本的主觀原因是關聯信用主體有意識地不履行承諾，把思想上的行為轉化為具體的行動，在這一思想的影響下，其他關聯信用主體也有意識地逃避責任，進而引發一系列的關聯信用關係的中斷。這就是關聯信用風險發生的直接原因。而除了主觀意識之外的其他原因都是關聯信用風險產生的客觀原因，比如地質災害、龍捲風等自然災害，諸如此類客觀因素導致某個或者某些關聯信用主體可能根本上不再存在，或者沒有能力繼續履行合約，進而致使與之關聯的其他信用主體發生關聯信用風險。

　　上述從主觀和客觀角度分析了關聯信用風險產生的原因。但在實際中，客觀因素與主觀因素沒有絕對的區分界限，兩者之間相互滲透，客觀因素能影響主觀因素，同時客觀中也有主觀的成分，因而就不好真正辨識關聯信用風險產生的真實原因。同時，在借鑑信用風險成因分析[239]和現實經濟中發生的實際案例的基礎上，筆者發現關聯信用風險的形成包含諸多因素。因此，本書從關聯信用主體之間的關聯特徵、賀信狀況、信息不對稱、信用制度建設、不可控因素的干擾六個方面分析關聯信

用風險產生的原因。

4.3.1　關聯信用主體之間的關聯特徵

關聯信用主體之間的關聯關係結構是產生關聯信用風險的重要原因之一。關聯信用主體通過資產關聯、交易關聯和人際關聯等關聯關係方式緊密聯繫，這些關聯關係除了給關聯信用主體帶來豐厚的利益外，也給其帶來潛在的風險。關聯信用主體之間的關聯度達到一定程度時，關聯信用風險發生的可能性是關聯信用主體關聯度的增函數，即信用主體之間的關聯程度越大，關聯信用主體中發生關聯信用風險的可能性也越大。特別對資產關聯來說，Lucas（1995）[240]已證明企業之間的資產相關性必然會引發關聯信用風險，並且企業的違約相關性與企業的資產價值成正比。

4.3.2　關聯信用主體的資信狀況

關聯信用主體的資信狀況的變化也是關聯信用風險發生的重要原因。關聯信用主體的資信狀況取決於關聯信用主體自身的信用評級，而信用評級又是一個隨時間變化而變化的動態過程，因此關聯信用主體的資信狀況也是一個隨時間變化而變化的動態過程。一般來說，關聯信用主體的信用評級越高，其資信狀況越好。比如，從資信評級公司——標準普爾公司和穆迪公司對實際數據的觀測可知，企業的資信狀況與其違約概率呈負相關關係，即企業的資信狀況越好，其違約的可能性越小，那麼與之關聯的企業的違約概率也越小。由於關聯信用主體的信用等級和資信狀況隨時間變化而變化，因此關聯信用風險也是動態變化的。當關聯信用主體的信用資質得到提升，與之關聯的關聯信用主體的信用狀況也會得到改善，從而降低了關聯信用風險發生的可能性。

4.3.3　關聯信用主體各方信息的不對稱和不完全

關聯信用主體各方的經濟利益不同，所處的立場不同，市場中所展現出的信息可能不完全和不對稱，使關聯各方都無法瞭解對方的真實情況和財務狀況，也不知道對方是否有能力按期履行合同所規定的義務。因此，信息不對稱和不完全必然導致關聯信用風險增大。特別是在中國經濟發展進入新常態時期，關聯信用主體各方的信用信息不對稱和不完全又有其特殊表現：一方面，中國關聯信用主體的信用記錄嚴重缺失，其信用信息的數據市場開放程度比較低；另一方面，中國信用仲介服務市場不發達、信用體系不健全、信用信息的造假和缺失等原因，使得關聯信用主體很難準確獲得必要的準確信息。此外，關聯信用主體各方在履行各自義務時，也都在追求自身經濟利益的最大化，因而可能產生道德風險和逆向選擇問題；同時，關聯各方信息的動態變化致使合約監督的成本增大。這些都對關聯信用風險發生的可能性造成巨大影響。

4.3.4　信用制度建設不完善

經過三十多年的改革和發展，中國的市場經濟逐步邁入成熟階段，關聯信用主體的信用理念得到進一步確立，但是在產權關係、信用文化、法律法規等方面還存在諸多缺陷。首先，中國的國有企業產權關係的邊界不清晰和各種形式的壟斷，造成投資效率低下，同時，非公有制下的私營企業的產權有時得不到尊重。因而在國有企業和私營企業所形成的關聯企業網路中，關聯各方的地位不對稱，易導致關聯信用風險的發生。其次，良好的信用文化形成於社會經濟信用活動中，並能產生有重要影響的價值觀念和行為準則。這些價值觀念和行為準則貫穿社會主義經濟活動的各個方面，成為經濟交易的基本準則。

反之，缺乏信用文化會制約社會經濟的發展。以執行力低、信息的模糊化和人格化、關聯信用主體中的人情式信任結構等為特徵的低下的信用文化素質是關聯信用主體之間信用關係惡化的主要因素之一。偏低的信用水平，不良的信用道德，履約踐諾、誠實守信的社會信用價值理念尚未形成，是從信用文化方面造成關聯信用風險發生的重要原因。最後，中國的個人信用制度尚未立法、資信評級制度極為欠缺、信用擔保體系不健全等法律法規制度的缺乏，以及守信激勵和失信懲戒機制尚不健全，更加加劇了關聯信用風險發生的可能性。

4.3.5 關聯信用主體的經營管理不當

在關聯信用主體網路中，由於關聯信用主體治理方面的原因，某家或某些關聯信用主體可能不再具備履行關聯信用關係發生時所承諾的償還能力，這也就偏離了關聯方當時的估計。關聯信用主體遭受關聯信用風險的原因具體表現為：被關聯方信用主體對自身財務狀況的粉飾和不按照合同的規定進行經營活動導致關聯方經營狀況惡化；關聯方對被關聯方的盈利能力估計產生極大的偏差；宏觀經濟環境的變化使得預期的經營策略不能產生預期的收益；關聯信用主體內部對關聯信用風險認識不足，並缺乏應對關聯信用風險的策略和方案；等等。這些原因不是孤立的，常常相互交織一起，共同作用於關聯信用主體，從而觸發關聯信用風險。

4.3.6 不可控因素的干擾

變化莫測、不可抗拒的自然和社會因素都可能導致關聯信用主體發生關聯信用風險。關聯信用主體之間的信用關係，受急遽變化的自然環境的影響，或者處於惡化的經濟環境或者重大變革的社會形態中，都可能引發關聯信用風險。具體表現形

式有以下幾種：一是突發的地震、洪水等自然灾害使關聯信用主體遭受重大損失；二是突發的自然灾害和社會動亂可能使關聯信用主體不再存在；三是關聯信用主體受到某些自然和社會因素的影響而無能力繼續履行合約，破壞了關聯信用主體之間的關聯信用關係；四是社會形勢的變化可能導致關聯信用主體中的關聯信用關係不再具有法律效力，不需要繼續履行合同。這些都是不可抗拒的社會和自然因素，如果發生關聯信用風險，會給相應的關聯信用主體帶來致命的打擊。

上述部分探討分析了關聯信用風險的成因，從中可以發現，關聯信用風險的成因非常複雜多變，影響關聯信用主體發展的各個方面，對後續研究關聯信用風險傳染延遲效應有著積極的意義。首先，關聯信用風險影響關聯信用主體的行為，關聯信用主體對關聯信用風險的態度和管理決策，也可能影響關聯信用風險發生的可能性。其次，關聯信用風險決定了關聯信用主體的內在價值，會影響銀行和投資機構對關聯信用主體價值的判斷和投資的偏好，以及政府針對相關信用主體所處行業政策的制定，從而影響關聯信用主體後續發展的戰略決策。再次，關聯信用風險影響關聯信用主體的資信狀況，如果關聯信用風險在關聯信用主體網路中發生，必然導致許多關聯信用主體的資信狀況變壞，進而影響整個關聯信用主體網路的穩定性。最後，關聯信用風險會影響關聯信用主體的組織形式和結構。關聯信用主體之間通過各種關聯關係組成不同的關聯組織結構，如果該結構中出現關聯信用風險，必然會破壞原來的結構形態，進而可能形成新的關聯組織結構。

在關聯信用主體構成的網路結構中，關聯信用風險的成因與其傳染延遲緊密相連、不可分割。關聯信用風險的某些因素會影響關聯信用風險傳染延遲效應，而關聯信用風險傳染的延遲效應致使關聯信用風險得到積聚，進而可能造成網路中存在

危害更大的關聯信用風險。如果網路中某個或者某些關聯信用主體發生信用風險，關聯信用主體之間通過關聯關係可能分擔風險，從而延緩關聯信用風險的傳染。關聯信用主體積極有效的治理手段，能有效地避免關聯信用風險感染。資信狀況越好的關聯信用主體，越能有機會採取積極措施處置關聯信用風險，從而使關聯信用風險傳染延遲。

4.4　複雜網路結構下的關聯信用風險

　　網路是由節點和連接邊組成的集合，而複雜網路是對複雜系統和複雜現象的高度概括。現在，複雜網路成為研究許多自然現象和社會經濟系統的有力工具，通過構建系統的各種拓撲結構，探討系統中元素之間的複雜關係以及各種規律和特徵。關聯信用主體網路系統是由許多關聯信用主體作為節點，通過關聯信用主體之間的某種關聯關係連接成邊而組成的。由複雜系統理論可知，該系統是指許多元素通過某種相互作用形成一個相互聯繫的集體。本書主要研究的是關聯信用主體間的資產關聯關係，即由關聯信用主體的資產交互作用形成的關聯關係。

　　關聯信用主體間不同形式的資產關聯方式，或者關聯信用主體間連接形式的不同，形成了不同的關聯信用主體網路結構，導致關聯信用主體在不同的網路結構中具有不同的功能和地位。研究關聯信用主體網路的複雜特徵時，需要借助於複雜網路應用於其他學科的研究方法和思想，有效地分析關聯信用主體網路結構和關聯信用主體行為對整個系統適應性的影響。本書認為關聯信用主體網路系統是一個由自治關聯信用主體通過資產關聯關係相互連接和協同共存機制，為實現個體與系統目標相統一，並具有演化特徵的複雜網路系統。關聯信用主體網路中

的節點是網路結構的基本單位，是系統中的一個關聯信用主體，其本身也是一個具有自治的結構、功能和行為等特徵的系統。因此，關聯信用主體行為和關聯信用主體網路結構是相互作用和相互影響的。

構成關聯信用主體網路的節點展現出多樣性、差異性、連通性等特性，而關聯信用主體之間的關聯方式呈現出非線性和多選擇性。這些使得關聯信用主體網路具有複雜性和多樣性等特徵。關聯信用主體網路的複雜性表現在兩個方面：一是關聯信用主體網路結構的複雜性，二是關聯信用主體行為的複雜性。某些關聯信用主體同時與多個關聯信用主體相關聯，同時在網路中承擔著不同的功能，以及眾多的關聯信用主體形成交叉和互聯的複雜結構，使關聯信用主體網路結構呈現複雜性。又由於各個關聯信用主體的組織結構、管理能力、技術水平、文化和所處環境等不相同，但他們的共同目標是各自利益最大化和合作共贏，因而各個關聯信用主體在關聯信用主體網路的動態變化過程中，需要不斷與其他關聯信用主體協同合作和自我調整，以適應外部的不確定性和競爭對手的壓力，使得關聯信用主體行為表現出複雜性。雖然關聯信用主體網路非常複雜，但也表現出某些規律。

特別地，大量文獻[127-129,136-142,150-153]的實證研究表明，關聯信用主體之間通過資產關聯關係形成的網路結構具有小世界和無標度特徵。在關聯信用主體網路中，如果大部分關聯信用主體之間沒有直接資產關聯關係，但絕大部分關聯信用主體可以通過幾次直接相連建立關聯關係，該網路為基於關聯信用主體的小世界網路結構；如果絕大部分關聯信用主體的度相對很低，但存在少數幾個關聯信用主體的度很高，即網路中關聯信用主體的度分布具有「異質性」，該網路為基於關聯信用主體的無標度網路結構。

關聯信用風險屬於關聯信用主體網路上的演化動力學物理現象，對整個網路系統的功能和每個個體的行為都有非常大的影響。複雜網路理論指出，網路結構與個體之間相互聯繫、相互影響。這說明關聯信用主體網路結構對關聯信用風險的傳染特徵有很重要的影響，因而可以利用複雜網路理論探討關聯信用風險傳染的規律。在關聯信用主體網路中，各個關聯信用主體的資產規模、盈利能力、組織結構等是不相同的。這就導致它們的信用質量也不一樣，從而使每個關聯信用主體面對關聯信用風險時的各自的行為特性也不相同，其面對關聯信用風險的適應能力和自我修復能力也不完全一樣。關聯信用主體本身的行為特徵對關聯信用風險形成和傳染也有較大的影響。因此，我們要把關聯信用主體網路結構和關聯信用主體自身具有的屬性結合起來研究關聯信用風險傳染的特徵和規律。

4.5　關聯信用風險的傳染延遲效應

4.5.1　關聯信用風險的傳染效應

在世界經濟一體化的背景下，關聯信用主體網路呈現出複雜化和多樣化的趨勢，使得關聯信用風險對全球經濟產生嚴重的負面影響。關聯信用風險隨著經濟環境和時間的變化而不斷改變其特性。它在關聯信用主體網路中以關聯關係為媒介，具有傳染、擴散和演化等運動形式。在關聯信用主體網路中，如果一個或者多個關聯信用主體受到關聯信用風險的衝擊，且對其他關聯信用主體產生溢出效應，在這個衝擊足夠大的情況下會引起相關關聯信用主體的違約或者倒閉，使得衝擊進一步影響其他關聯信用主體，從而產生一系列連鎖反應。因此，關聯

信用主體網路是一個開放的動態系統，關聯信用風險的管理在該系統中顯得尤為重要。

關聯信用主體網路系統中各個關聯信用主體之間的關聯關係更加複雜化、多樣化。特別在當今世界，關聯信用主體之間的聯繫愈加緊密、日益相互依賴、競爭更加激烈、資金流動速度更快。在此背景下，關聯信用風險的傳播方式和速度所造成的社會危害都是空前絕後的。與此同時，關聯信用主體之間的聯繫更加緊密和複雜，特別在關聯信用主體網路中發生關聯信用風險時，往往會觸發關聯信用風險的傳染效應，引起次生、衍生的多個關聯信用主體發生關聯信用風險，進而產生多米諾骨牌效應，並在社會經濟中造成極大的擴散和危害。因而，對關聯信用風險的傳染機理和特徵的研究，對於關聯信用主體治理有著重要的積極意義，也是現代信用主體風險管理的基石。

由前文可知，關聯信用風險是指某些信用主體的信用惡化直接影響與之關聯的信用主體的信用質量，或者由於信用資質下調導致與之關聯的信用主體信用評級下調。關聯信用風險發生於信用主體網路中，會通過信用主體間的關聯關係的交互作用影響到其他信用主體乃至擴散到整個信用主體網路。關聯信用風險的傳染具體表現為：一家或者多家信用主體突發關聯信用風險，破壞了信用主體之間的關聯關係而導致與之關聯的信用主體遭受損失，進而衝擊整個信用主體網路，從而引發整個信用主體網路的鏈式反應或者多米諾骨牌效應，使得信用主體網路遭受重大損失甚至影響整個地區乃至全球經濟的穩定性。

對關聯信用主體網路而言，有諸多原因影響關聯信用風險的傳染效應，概括起來來說主要有三個方面：①受到關聯信用主體間關聯關係交互作用及內部關聯結構特性的影響。關聯信用主體之間的關聯關係是關聯信用風險傳染的路徑和紐帶，某個關聯信用主體產生的信用風險通過特定的路徑可以擴散到其

他關聯信用主體，進而影響整個關聯信用主體網路的穩定性和信用質量。②受到外部環境的影響，主要有某個關聯信用主體所處的宏觀經濟環境、政治因素、行業因素和地理位置等。比如，宏觀經濟的變化會衝擊某些關聯信用主體的信用水平，政治上對關聯信用主體的支持力度也能改變其信用質量。③關聯信用主體自身的風險治理能力也能改變關聯信用風險傳染的力度和廣度，這是關聯信用風險傳染源的決定性因素。

　　關聯信用主體之間的各種關聯關係是關聯信用風險的傳染形成渠道，其中關聯信用主體之間的資產關聯關係和交易關聯關係是關聯信用風險傳染的主要渠道。對資產關聯關係來說，關聯信用主體的繁榮發展為關聯信用主體間的資產流動提供便利條件，也使得關聯信用主體間通過借貸、擔保、交叉持股等形成錯綜複雜的資產關聯關係。在此之中，關聯信用主體間形成了高度關聯關係。關聯信用主體之間的高度關聯特性為關聯信用主體發展起著不可替代的作用，同時也不可避免地增加了關聯信用主體風險發生的可能性。因此，一家關聯信用主體發生的關聯信用風險很容易因關聯信用主體之間的關聯關係傳染給其他關聯信用主體。關聯信用主體間的資產關聯關係影響關聯信用風險的傳染概率，使得關聯信用主體對關聯信用風險的衝擊更加敏感。而對交易關聯關係而言，其易受到行業和宏觀經濟的衝擊，使關聯信用主體網路更加脆弱，關聯信用風險傳染波及的範圍更廣。因此，關聯信用主體間的關聯關係並不是單一關聯關係，可能是兩種或多種關聯關係的疊加，使得關聯信用風險傳染通過更多的關聯渠道造成更大的影響。

　　綜上分析，關聯信用風險的傳染具有以下幾個特點：

　　第一，突發性。在關聯信用主體網路中，當某個關聯信用主體可能發生關聯信用風險時，會通過各種手段隱瞞關聯信用風險發生的可能性，而與之關聯的信用主體可能忽視關聯信用

風險所帶來的危害，促使關聯信用風險積聚一定程度而突然爆發且具有很強的傳染性。也就是說，關聯信用主體疏忽關聯信用風險通過關聯渠道帶來的衝擊的影響，會增加整個關聯信用主體網路的脆弱性，使關聯信用風險的傳染具有突發性。此外，在一定情況下，某些關聯信用主體為了避免關聯信用風險的傳染，會採取收回權益的方式避免傳染，進而加劇了關聯信用主體網路的脆弱性，而沒有收回權益的關聯方就會被突發的關聯信用風險傳染。因此，關聯信用主體網路中形成的關聯信用風險的傳染具有突發性，這就要求所有關聯信用主體治理關聯信用風險時必須體現出利益的一致性。

第二，複雜性。關聯信用風險傳染的複雜性體現在以下三個方面：①關聯信用主體之間關聯形式的多樣性和複雜性，造成關聯信用風險具有不同的表現形式和傳染方式；②關聯信用主體網路結構的複雜性，決定了關聯信用風險在關聯信用主體網路中的演變形式，使得關聯信用風險的傳染變化多端；③關聯信用風險本身的複雜性，反映出關聯信用風險通過關聯信用主體之間的關聯關係建立觸發關係，而它的傳染性通過其他關聯的信用主體遭受危機來體現。從複雜網路的角度來看，關聯信用風險的傳染作用於關聯信用主體網路而表現出複雜的特性，同樣關聯信用主體網路的複雜性使得關聯信用風險的傳染更加複雜多變。

第三，不同關聯信用主體網路的連通性。某個關聯信用主體網路中發生關聯信用風險傳染，其傳染速度和危害程度影響網路中各個關聯信用主體的治理策略，也影響各個關聯信用主體所在行業及宏觀經濟的變化。同時，行業或者宏觀經濟因素的變化又衝擊不同關聯信用主體網路的穩定性，導致其他關聯信用主體網路中某個或某些關聯信用主體發生關聯信用風險，進而在這些網路中也可能產生關聯信用風險的傳染效應。也就

是說，行業因素或者宏觀經濟因素作為媒介使不同關聯信用主體網路相互連通，致使關聯信用風險的傳染在不同關聯信用主體網路之間具有連通性或者同時發生，進而對整個地區乃至全球經濟造成極大的破壞性。

4.5.2　關聯信用風險的延遲效應

在關聯信用主體網路中，關聯信用主體發生關聯信用風險的可能性是不確定的，雖然關聯信用主體有發生關聯信用風險的可能性，但是由於其他因素的干擾而使關聯信用風險的發生被推遲了。下面在定義關聯信用風險延遲的基礎上，探討分析關聯信用風險延遲效應的內涵及其影響因素。

在第三章歸納和提煉關於延遲效應的研究的基礎上，本書中關聯信用風險的延遲效應是指關聯信用主體發生了關聯信用風險，但關聯信用主體自身以及與其關聯的其他關聯信用主體通過各種手段對其進行救助而使風險被掩蓋，直至關聯信用風險暴露的過程。也就是說，當某個或者某些關聯信用主體陷入信用危機時，關聯信用主體可能通過多種手段降低或延遲自身發生的信用風險的可能性，促使各種因素疊加起來影響關聯信用主體治理能力，進而降低發生關聯信用風險的可能性。換言之，關聯信用風險通常具有延遲效應。例如，企業集團的成員企業之間存在各種關聯關係，一旦其中某個成員企業出現信用違約，該成員企業會採取自救措施，同時與之關聯的其他成員企業也會採取施救措施，避免該成員企業進一步惡化，從而實現關聯信用的延遲效應。

從上述對關聯信用風險延遲的表述可知，本書中關聯信用風險的延遲具有時間概念，即關聯信用風險的發生可能在時間上向後推遲。同時，關聯信用風險延遲是關聯信用主體內在因素和外在環境的統一。其中，關聯信用主體的內在因素是指關

聯信用主體的組織結構和管理水平等因素，關聯信用主體的外在環境是指宏觀經濟、行業屬性、政治等除了關聯信用主體內部因素之外的所有情形。在兩者的相互作用下，關聯信用風險被延緩或者轉移，從而使得關聯信用風險具有延遲效應。

　　關聯信用主體之間通過多種關聯關係相互交織、緊密相連，形成多種形式的關聯信用主體網路結構。在關聯信用主體網路中，每個關聯信用主體都追求自身利益最大化。各關聯信用主體都從自身利益出發與其他關聯信用主體建立關聯關係，以盡可能使關聯關係給其帶來更多的收益。但是，在關聯信用主體發現自身有破產的隱患的時候，在初始階段會隱瞞其真實情況，繼續保持或建立更多新的關聯關係，以維持關聯信用主體繼續營運或者把信用風險轉移出去。由此可知，關聯信用主體網路中關聯信用風險被延遲的原因是多方面的。下面從關聯信用主體自身因素、關聯信用主體之間的關聯性以及宏觀環境等方面，探討關聯信用風險延遲的影響因素。

　　第一，關聯信用主體自身的因素。關聯信用主體的組織結構、財務狀況、管理策略、員工的素質等因素都對關聯信用風險發生與否有影響。合理、有效、規範的組織結構是關聯信用主體正常運行的基石，也是關聯信用主體防止關聯信用風險發生的先決條件；良好的財務狀況是信用主體延緩關聯信用風險發生的物質基礎；優化的管理策略能有效治理信用主體的關聯信用風險；在應對關聯信用風險時，良好的員工素質能使合理的管理策略被有效和迅速地貫徹執行。這些因素是相互作用、相互聯繫、相互疊加、缺一不可的，統一在關聯信用主體生存期的各個階段，對於延緩關聯信用風險發生起著決定性作用。如果關聯信用主體發生關聯信用風險，關聯信用主體首先要利用自身各種有利條件，查找引起關聯信用風險的原因，改善其經營決策和管理方法，盡最大可能避免陷入信用風險的危機中。

關聯信用主體的這種行為延緩了關聯信用風險的發生。

第二，關聯信用主體之間的關聯性。關聯信用主體為了獲取更大的利益與其他關聯信用主體建立關聯關係，一旦某個或者某些關聯信用主體發生信用風險，其他關聯信用主體會根據自身利益做出相應的判斷決策。如果有利於其自身的發展並且能獲得更多的利益，他們會對發生信用風險的關聯信用主體採取一致的救助措施，從而延緩關聯信用風險的發生。此外，如果某個關聯信用主體發生關聯信用風險，將給與其關聯的其他關聯信用主體產生不同的影響。相對來說，那些損害較大的關聯信用主體更容易對其採取積極的救助措施，而其他關聯信用主體不一定會對其施救。此時，關聯信用主體網路中是否發生關聯信用風險具有很大的不確定性。關聯信用主體之間的關聯性，是關聯信用風險延遲效應發生的外力。關聯信用主體會依據其對關聯信用風險危害的判斷和自身利益做出決策。

第三，外部宏觀經濟和宏觀經濟政策的變化。當宏觀經濟進入蕭條期時，關聯信用主體網路中有些關聯信用主體可能受到波及，而發生關聯信用風險。如果這些關聯信用主體在關聯信用主體網路中處於重要地位，它們的破產可能會引發更大的危機，進而威脅到地區或者國家經濟的穩定性。此時，政府可能出抬相關宏觀經濟政策，或者採取其他的措施避免這些關聯信用主體的倒閉，使得關聯信用風險產生延遲效應。在宏觀經濟繁榮發展期，關聯信用主體網路中的某個或某些關聯信用主體由於自身原因可能要發生信用風險，但宏觀經濟的繁榮掩蓋了這些關聯信用主體正處於危機的邊緣，進而使得關聯信用風險被延緩了。總之，宏觀經濟的改變，或者經濟政策的變化以及政府採取的措施，都可能使關聯信用風險產生延遲效應。

總之，造成關聯信用風險延遲的原因多種多樣，這些原因相互銜接、相互聯繫、相互影響，為關聯信用主體的持續發展

提供了有利的機遇。但是，如果關聯信用風險被延遲後，沒有引起各個關聯信用主體足夠的重視，若該風險再次發生，將給關聯信用主體網路帶來更大的危害，波及的範圍將更加廣泛。此處需要強調關聯信用風險的延遲，只是從時間上被延緩，而不是被真正地解決。因此，關聯信用風險的延遲，只是為關聯信用主體提供更多的時間改善其治理策略，使之有機會不再發生關聯信用風險，也使一些關聯信用主體通過砍斷或者轉移關聯關係，進而切斷關聯信用風險的來源。

有關關聯信用風險的延遲效應的研究，有助於理解關聯信用主體網路中關聯信用風險傳染的規律，有利於關聯信用主體更好地管理關聯信用風險，為關聯信用主體的管理層提供理解關聯信用風險的一種新視角，也為在關聯信用主體陷入關聯信用風險時政府是否救助該關聯信用主體提供參考依據。

總體來說，前述內容探討了關聯信用風險的傳染效應和延遲效應，兩者緊密相連、不可分割。由於關聯信用主體發生的關聯信用風險具有延遲效應，因而關聯信用風險不能迅速危害到其他關聯信用主體，此時關聯信用風險沒有傳染性。並且隨著關聯信用風險延遲效應的增強，關聯信用風險更不易發生傳染效應。在關聯信用主體網路中，當某個或者某些關聯信用主體陷入信用危機時，與其關聯的其他關聯信用主體通常不會立即發生信用違約。此時，關聯信用主體之間可以通過多種手段降低或延遲自身可能發生的信用風險，並促使各種因素相互疊加影響關聯信用主體的治理能力，進而降低發生關聯信用風險的可能性。換言之，關聯信用風險的傳染在關聯信用主體之間通常具有延遲效應。所以，研究關聯信用風險傳染延遲效應具有積極的現實意義和重要的理論意義。

4.6 關聯信用風險的免疫特徵

　　Inasiti 和 Levien（2004）[233]認為，企業是一個複雜的生命有機體。它像生物機體一樣與其他企業之間存在直接或者間接依賴關係，並形成企業生態系統。企業是信用主體中的主要組成部分，因而信用主體也可以類似為生命有機體。許多信用主體能健康且長期生存下來，表明其如生物體一樣有自己的一套免疫體系。依據關聯信用主體網路的內部機理和生物免疫理論，本書中的關聯信用風險的免疫是指關聯信用主體在其可能違約或者信用評級下降時，能夠合理運用一切資源和治理手段，有效識別、處置或降低關聯信用風險所帶來的危害，確保關聯信用主體能健康發展的能力。

　　在關聯信用主體網路中，一切可能影響關聯信用主體健康發展的因素和行為都是關聯信用風險管理的對象，也是管理關聯信用風險首要關注的問題。關聯信用風險管理活動的本質，就是及時發現關聯信用主體自身及其與之關聯的信用主體之間的變異因素，並對該因素進行及時處置，也就是關聯信用主體的關聯信用風險的免疫。影響關聯信用風險免疫的因素有很多，下面主要從關聯信用主體自身的因素和外部環境兩個方面分析影響關聯信用風險免疫的原因。

　　關聯信用主體內部的組織結構、物質條件、科技水平和文化等，是關聯信用風險免疫的物質基礎條件。特別地，在關聯信用主體發展的過程中，良好的風險管理文化既是關聯信用主體生存發展的基礎，也是關聯信用主體精神和價值觀念的體現。同時關聯信用風險的預防、識別和處置需要關聯信用主體的員工來完成，因而，關聯信用主體的員工素質決定了關聯信用風

險管理的執行效果。良好的員工素質能使關聯信用風險免疫達到較好的效果，也為關聯信用主體的效率提高和發展提供動力源泉。總之，關聯信用主體利用自身的各種條件，採取各種手段避免發生違約風險，盡最大可能達到關聯信用風險免疫的效果，確保關聯信用主體能正常健康發展。

關聯信用主體生產經營的外部環境類似於生物生存的自然環境，具有複雜性、不確定性和不可預見性。而關聯信用風險具有生物病毒的特性，不僅對關聯信用主體具有很強的破壞性，而且還具有傳播性。如果關聯信用主體的關聯信用風險免疫達不到預期效果，會嚴重破壞關聯信用主體的經營能力而造成巨大損失，甚至導致關聯信用風險在關聯信用主體網路中發生傳染效應。宏觀經濟環境、行業和政策等的變化會衝擊關聯信用主體網路，關聯信用主體為應對其帶來的衝擊就必須改變自身的經營策略，從而改變關聯信用主體之間的聯繫方式，致使關聯信用風險的免疫具有不確定性。特別在經濟蕭條期，宏觀經濟環境的不確定性和變動對關聯信用風險免疫的影響更大，此時可能嚴重影響關聯信用主體網路的穩定性，引致更多的關聯信用主體陷入危機。因此，不管關聯信用主體的外部環境如何變化，都要重視關聯信用風險管理，使關聯信用主體對關聯信用風險具有更有效的免疫。

在關聯信用風險的免疫治理過程中，受到外部環境及關聯信用主體自身等多方面因素的影響，關聯信用風險免疫並不一定完全有效。在關聯信用主體網路中，一些關聯信用主體通過免疫治理可以使關聯信用主體對關聯信用風險具有免疫性，而一些關聯信用主體即使通過各種治理措施也無法對關聯信用風險免疫。同時，也有一些關聯信用主體開始對關聯信用風險的免疫具有一定的效果，由於經濟環境的變化以及其自身的原因不再對關聯信用風險免疫有效。在本書中，如果關聯信用主體

網路中發生的關聯信用風險具有很強的傳染性或者關聯信用主體的免疫治理策略失誤，可能導致關聯信用主體不再具有免疫性，則稱關聯信用主體免疫失敗。如果免疫成功的關聯信用主體，經過一段時間後，以一定概率失去免疫性，則稱關聯信用主體免疫失效。因此，關聯信用主體的免疫治理策略並不是完全有效，即關聯信用主體對其關聯信用風險治理為不完全免疫治理情景。

因此，關聯信用主體的關聯信用風險免疫並不是一成不變的，根據外部環境和內部環境變化而改變，使得關聯信用風險免疫具有複雜性、多變性、不確定性等特徵。本書在考慮關聯信用風險不完全免疫的情形下，揭示了關聯信用風險的規律，對信用主體管理關聯信用風險具有積極的現實和理論意義。

4.7　本章小結

本章主要深入探討分析了關聯信用風險的概念和主要特性。首先，提出了關聯信用風險的概念，並對其內涵和影響因素進行了詳細分析；其次，研究了複雜網路結構下的關聯信用風險，分析利用複雜網路理論研究關聯信用風險規律的適應性；再次，探討了關聯信用風險的傳染效應和延遲效應，並分析其影響原因；最後，探析了關聯信用風險的免疫性，並討論影響關聯信用風險免疫的因素。

5 基於小世界網路的關聯信用風險傳染延遲效應

5.1 引言

在現實經濟中,資產關聯關係可以促進關聯信用主體自身的發展,但同時也為關聯信用主體的經營埋下了隱患。一旦關聯信用主體網路中某些關聯信用主體出現經濟困難或者破產,與其關聯的其他信用主體也可能陷入經濟困境,甚至可能導致整個地區的經濟蕭條。換言之,關聯信用主體之間發生的關聯信用風險具有傳染性。

有的關聯信用主體之間存在直接的資產關聯關係,而大多數關聯信用主體之間存在間接的關聯關係。間接關聯關係是指關聯信用主體之間經過幾次直接關聯形成的關聯關係。在由關聯信用主體構成的網路結構中,「關聯度」一般是指與該關聯信用主體存在直接資產關聯關係的其他關聯信用主體的數量。如果網路中大部分關聯信用主體彼此並不直接相連,但絕大部分關聯信用主體之間可通過直接關聯關係和間接關聯關係相連,稱具有此類特徵的網路結構為「基於關聯信用主體的小世界網路結構」。其中,小世界網路是指網路中節點度的分布近似為

Poisson 分布。

相關研究表明複雜的社會經濟系統中存在著小世界現象，許多學者應用小世界網路理論探討企業間合作、企業人際關係、產業集群等經濟管理問題。特別地，許多文獻的實證分析已表明，由股權、債務等資產關聯關係構成的關聯信用主體網路結構具有小世界性[151-152,165,241]。關聯信用主體是由直接和間接的資產關聯關係構成的各種形式的複雜網路結構。本章採用小世界網路[18]不僅可以刻畫關聯信用主體之間關聯關係所表現的特徵，而且簡化了具有直接和間接關聯關係的複雜網路結構，可以更好地揭示關聯信用風險傳染的規律。因此，本章假設關聯信用主體間通過資產關聯形成的複雜網路為小世界網路。

在由關聯信用主體構成的網路中，當其中某一關聯信用主體發生關聯信用風險時，如果網路中的其他關聯信用主體不給予及時援助，則該關聯信用主體將成為關聯信用風險的傳染源甚至面臨破產；如果該關聯信用主體被給予了及時救助，就可能暫時渡過難關，關聯信用風險的傳染將被延遲。因此，當關聯信用主體發生關聯信用風險時，其他關聯信用主體可能通過採取相應措施避免或延緩關聯信用風險的傳染。同時，關聯信用主體間的資產關聯關係將影響關聯信用風險的傳染強度和深度，特別在經濟危機或者金融危機爆發時，資產關聯關係將進一步加重信用風險傳染的深度。

在關聯信用主體網路中，關聯信用主體從感染上關聯信用風險到引發信用危機需要經過一段時間，則稱此段時間為關聯信用風險的傳染延遲時間，簡稱傳染延遲，記為 T。在現實經濟中，網路中可能有多個關聯信用主體同時發生信用風險，此時關聯信用主體之間的救助方式比較複雜。為簡化討論，假設每個關聯信用主體的關聯信用風險傳染延遲都相同。

國內外學者主要利用簡約化模型、結構化模型或者混合模

型[121-139]研究信用風險的傳染問題。同時，學界對複雜網路的研究方興未艾，複雜網路被廣泛地應用於複雜系統的研究中。複雜網路理論的發展也為信用主體管理提供了一種新的研究視角，許多學者利用複雜網路從多個角度研究各類風險的傳染問題。另外，一些學者結合經典的傳染病模型探討風險傳染問題。比如，韓立岩、陳文麗（2006）[242]借助於生物傳染病模型，從違約貸款的總數目分析信用風險傳染的微觀機理。陳建新等（2012）[243]利用元胞自動機和集合種群模型動態模擬銀行風險傳染問題，分析傳染率和滅絕率對銀行脆弱性的影響。馬源源等（2013）[244]運用SIR模型研究上市公司間所形成的持股複雜網路結構特徵，分析網路中遇到隨機攻擊和蓄意攻擊時股市危機的傳播過程。

由此可知，大部分文獻主要通過關聯關係或複雜網路理論來研究關聯信用主體的經濟特徵和風險傳染問題。但很少有文獻研究關聯信用主體之間關聯信用風險的傳染和延遲效應，更鮮有學者利用小世界網路並結合傳染病模型研究關聯信用風險的傳染規律。

在關聯信用主體通過資產關聯關係構成的小世界網路中，當其中一些關聯信用主體發生信用風險時，資產關聯關係如何影響關聯信用風險的傳染？關聯信用風險傳染的延遲效應是否有助於整個信用主體關聯關係網路的穩定性？這些問題是當前關聯信用風險研究關注的重要問題。

本章將利用小世界網路和傳染病模型，探討關聯信用風險傳染的延遲效應。

5.2 基於小世界網路的關聯信用風險傳染延遲效應模型

5.2.1 基本假設

考慮由 N 個關聯信用主體構成的小世界網路中，節點表示關聯信用主體，邊表示兩個關聯信用主體之間存在的資產關聯關係。關聯信用主體的平均關聯度為 $\langle k \rangle$，與其存在資產關聯關係的關聯信用主體之間的所有關聯資產的和與它們的總資產的和之比稱為關聯信用主體的資產關聯比，記為 η。為方便分析，假設基於關聯信用主體的小世界網路中的每個關聯信用主體只能處於以下兩種狀態之一：

①「健康」狀態 S，表示關聯信用主體未被關聯信用風險傳染，但易被感染。

②「非健康」狀態 I，表示關聯信用主體已被信用風險傳染，並且具有傳染性。

在初始時，網路中的關聯信用主體都沒有發生信用風險，即每一關聯信用主體都是健康的，但隨著宏觀經濟環境的惡化或者關聯信用主體自身經營不善，網路中的某些關聯信用主體發生了信用風險。關聯信用風險的傳染使網路中的關聯信用主體要麼處於「非健康」狀態，要麼處於「健康」狀態。也就是說，在基於關聯信用主體的小世界網路中，「非健康」關聯信用主體經過有效的救助可以轉化為「健康」關聯信用主體，而「健康」關聯信用主體受到關聯信用風險的傳染可能轉化為「非健康」關聯信用主體。在 t 時，處於「健康」狀態的關聯信用主體的數量與網路中關聯信用主體的總數之比稱為處於「健康」狀態的關聯信用主

體的密度，記為 $s(t)$；處於「非健康」狀態的關聯信用主體的數量與網路中關聯信用主體的總數之比稱為處於「非健康」狀態的關聯信用主體的密度，記為 $\rho(t)$；且滿足 $s(t)+\rho(t)=1$。當時間 t 趨於無窮大時，關聯信用風險的傳染趨於均衡狀態，即網路中的「健康」和「非健康」關聯信用主體所占的比例都趨向於某一定值，記 ρ 為「非健康」關聯信用主體密度的穩定值。

如果在 t 時，一個「健康」關聯信用主體與「非健康」關聯信用主體存在資產關聯關係，且在 $t+1$ 時，該「健康」關聯信用主體以概率 γ 被「非健康」關聯信用主體傳染，則稱 γ 為關聯信用風險的傳染概率。但它與一般的傳染病 SIS 模型不同，在 t 時，「非健康」關聯信用主體將一直保持「非健康」狀態 I，但如果對其進行有效的救助，則到 $t+T+1$ 時，「非健康」關聯信用主體將以概率 δ 恢復到「健康」狀態 S，稱 $p=\dfrac{\gamma}{\delta}$ 為關聯信用風險的有效傳染概率。為方便討論，不妨假設一旦對「非健康」關聯信用主體進行了有效救助，則該「非健康」關聯信用主體可以恢復到「健康」狀態，故 $\delta=1$，由此，我們可用傳染概率 γ 近似有效傳染概率 p。

5.2.2 模型構建

根據小世界網路的特徵，網路中每一個關聯信用主體的關聯度近似等於網路的平均關聯度，因此，可以假定網路中每一個關聯信用主體的資產關聯比都相同。也就是說，資產規模大的關聯信用主體與其關聯的資產較多，資產規模小的關聯信用主體所關聯的資產也較少，從而使得網路中每個關聯信用主體的資產關聯比幾乎一樣。如果基於關聯信用主體的小世界網路中發生的關聯信用風險具有傳染效應，則它的傳染強度與關聯信用主體的平均關聯度、資產關聯比等相關。同時，由於關聯

信用主體之間通過資產關聯關係構成的網路結構的複雜性，以及關聯信用風險傳染過程的複雜多變性，為更好地刻畫關聯信用風險的傳染特徵，可假設關聯信用風險在網路中的傳染是均勻的。本章運用動力學平均場理論，得到網路中關聯信用風險傳染的動力學方程為：

$$\begin{cases} \dfrac{\mathrm{d}s(t)}{\mathrm{d}t} = \rho_T(t) - \gamma\eta\langle k\rangle \rho(t)s(t) \\ \dfrac{\mathrm{d}\rho_0(t)}{\mathrm{d}t} = -\rho_0(t) + \gamma\eta\langle k\rangle s(t)\rho(t) \\ \quad\dfrac{\mathrm{d}\rho_1(t)}{\mathrm{d}t} = -\rho_1(t) + \rho_0(t) \\ \qquad\qquad \vdots \\ \quad\dfrac{\mathrm{d}\rho_T(t)}{\mathrm{d}t} = -\rho_T(t) + \rho_{T-1}(t) \end{cases} \tag{5-1}$$

其中，$\rho_\tau(t)(\tau=0,1,\cdots,T)$ 為 $t-\tau$ 時「非健康」關聯信用主體的密度，並且滿足：

$$\rho(t) = \sum_{\tau=0}^{T} \rho_\tau(t) \tag{5-2}$$

方程組 (5-1) 的第一個方程的右邊第一項表示關聯信用風險經過傳染延遲 T 後，以單位速率恢復為「健康」狀態 S 的「非健康」關聯信用主體的密度；第二項表示在 t 時網路中產生新的「非健康」關聯信用主體的密度，它與傳染概率、關聯信用主體的關聯度（這裡用 $\langle k\rangle$ 代替）、資產關聯比和「健康」關聯信用主體的密度成比例。方程組 (5-1) 中除第一個方程以外的方程表示在不同時刻「非健康」關聯信用主體的密度 $\rho_\tau(t)$ 之間的轉換關係。

5.2.3 結果分析

命題 1 如果關聯信用風險傳染在基於關聯信用主體的小世

界網路系統［式（5-1）］中處於穩定狀態，則關聯信用風險的傳染概率為關聯信用主體的平均關聯度、資產關聯比和關聯信用風險傳染延遲的函數，即 $\gamma_c = \dfrac{1}{\langle k \rangle \eta (T+1)}$。

證明：因為關聯信用風險傳染在基於關聯信用主體的小世界網路中經過若干次演化，系統［式（5-1）］會進入穩定狀態。令 $\rho_\tau (\tau = 0, 1, \cdots, T)$ 為網路穩定狀態時「非健康」關聯信用主體的密度值，利用穩定狀態的條件 $\dfrac{d\rho_\tau(t)}{dt} = 0$，可知 $\rho_0 = \rho_1 = \cdots = \rho_T$。把上式代入式（5-2）中可得 $\rho_T = \dfrac{\rho}{T+1}$，再結合式（5-1），$s(t) + \rho(t) = 1$ 及小世界網路穩定的條件，可得：

$$\dfrac{\rho}{T+1} - \gamma \eta \langle k \rangle \rho (1 - \rho) = 0$$

由此知關聯信用風險傳染概率的臨界值為：

$$\gamma_c = \dfrac{\dfrac{1}{T+1}}{\eta \langle k \rangle} = \dfrac{1}{\langle k \rangle \eta (T+1)} \text{ 或者 } T = \dfrac{1}{\eta \gamma_c \langle k \rangle} - 1$$

通過上面的證明可知，關聯信用風險的傳染概率的臨界值 γ_c 與其傳染延遲、關聯信用主體的資產關聯比和平均關聯度相關，或者說關聯信用風險的傳染延遲受到關聯信用主體的資產關聯比、平均關聯度及傳染概率的影響。在不考慮傳染延遲和資產關聯比的情況下，傳染概率 $\gamma_c = \dfrac{1}{\langle k \rangle}$ 只取決於關聯信用主體的平均關聯度。當忽略關聯信用風險傳染延遲對傳染概率的影響時，傳染概率為 $\gamma_c = \dfrac{1}{\langle k \rangle \eta}$。由此可知，關聯信用主體間的資產關聯比增大了關聯信用風險傳染的強度，也就是說，關聯信用主體之間的資產關聯關係增加了網路的不穩定性。而在同時

考慮傳染延遲和資產關聯比的情形下，網路中關聯信用風險的傳染概率顯然又降低了。這表明關聯信用主體之間通過資產關聯相互分擔風險，降低了信用主體發生關聯信用風險的可能性。該結論從另一角度闡釋了關聯信用主體之間的資產關聯關係具有積極的經濟意義。

命題2 如果關聯信用風險傳染在基於關聯信用主體的小世界網路系統［式（5-1）］中處於穩定狀態，則當 $\gamma<\gamma_c$ 時，基於關聯信用主體的小世界網路中未發生關聯信用風險，即 $\rho=0$；當 $\gamma \geq \gamma_c$ 時，「非健康」關聯信用主體的密度為關聯信用主體的資產關聯比、傳染概率、傳染延遲和平均關聯度的函數，即

$$\rho = \frac{\gamma\eta\langle k\rangle - \dfrac{1}{T+1}\gamma\eta\langle k\rangle}{\gamma\eta\langle k\rangle} = 1 - \frac{1}{\gamma\eta\langle k\rangle(T+1)}$$

由命題1的證明過程可知此結論成立。當基於關聯信用主體的小世界網路中發生關聯信用風險時，由於關聯信用風險傳染延遲和資產關聯的影響，網路中「非健康」關聯信用主體的密度 $\rho<1$。由此可見，關聯信用主體之間的資產關聯和傳染延遲的存在，使關聯信用主體之間相互分擔風險，或者使「健康」關聯信用主體對「非健康」關聯信用主體採取有效救助。關聯信用風險的傳染並不能使網路中所有關聯信用主體都處於「非健康」狀態。這也解釋了網路中雖然存在突發關聯信用風險傳染的可能性，但是整個網路中的關聯信用主體不會都破產。

5.3 基於小世界網路的關聯信用風險傳染延遲效應可視化分析

為了更清楚地研究基於關聯信用主體的小世界網路中關聯

信用風險傳染的特徵和規律，本書運用軟件 Matlab2014b，分析網路中風險傳染概率隨關聯信用主體的平均關聯度與傳染延遲的變化關係，以及「非健康」關聯信用主體的密度變化形式，並對比探討資產關聯對關聯信用風險傳染的影響。目前，由於關聯信用風險的數據難以獲取以及數據的真實性和有效性難以保證等原因，模型中的相關參數難以準確估計。因此，本書依據實體經濟中關聯信用主體之間資產關聯關係的特性，並借鑑了陳曉、張紀會（2008），Brass（1995），楊青等（2015），李麗、周宗放（2015）的相關參數的設置方法來設定本章研究模型中的參數取值。在本章給定關聯信用主體的資產關聯比 $\eta=0.3$。

圖 5-1 和圖 5-2 描述了網路中考慮和不考慮直接資產關聯比以及不同的平均關聯度 $\langle k \rangle_1=3$，$\langle k \rangle_2=6$，$\langle k \rangle_3=9$ 的情況下，關聯信用風險傳染概率 γ_c 與傳染延遲時間 T 的關係。對比圖 5-1 和圖 5-2 可以發現，兩者的傳染概率都隨著傳染延遲時間的增大而變小，並且趨於穩定值。

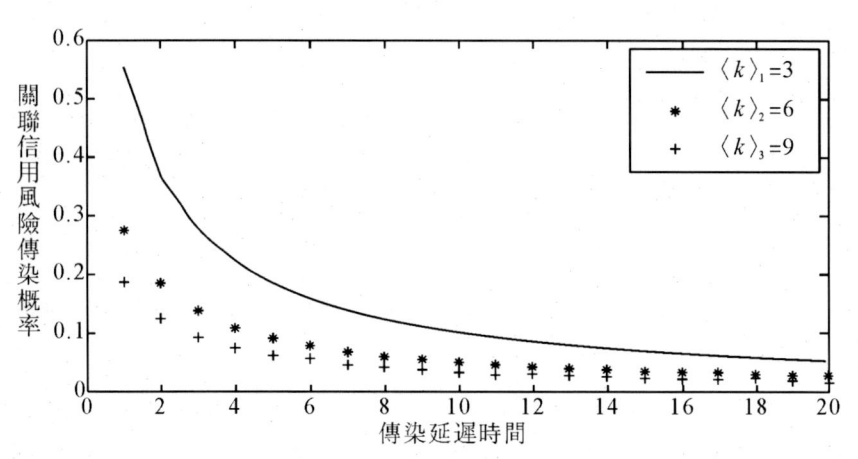

圖 5-1 考慮直接關聯資產比時，傳染概率與傳染延遲時間的關係

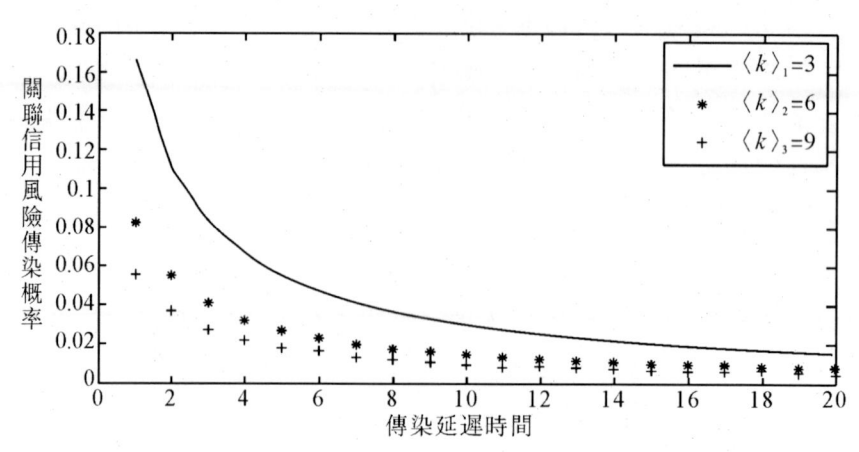

图 5-2　不考虑直接关联资产比时，传染概率
与传染延迟时间的关系

图 5-3 刻画了在不同的传染延迟时间 $T_1=4$，$T_2=8$，$T_3=12$ 时，传染概率 γ_c 和网络中关联信用主体的平均关联度 $\langle k \rangle$ 之间的关系；图 5-4 给出了关联信用风险的传染概率与传染延迟、平均关联度的演化关系。从图 5-3 中可以发现，网络中关联信用主体的平均关联度越大，关联信用风险的传染概率越小；传染概率随着传染延迟时间的增大而减少。即关联信用主体之间的关联度的增加或者关联信用风险传染延迟时间的延长，都能降低关联信用风险的传染概率。这表明关联信用主体之间通过资产关联分担了关联信用风险，降低了关联信用风险的传染概率，从而延缓了关联信用风险传染的发生。因此，在基于关联信用主体的小世界网络中，适当增加关联信用主体之间的资产关联关系，或者在某关联信用主体发生关联信用风险时对其及时救助，都会延缓关联信用风险传染的发生。

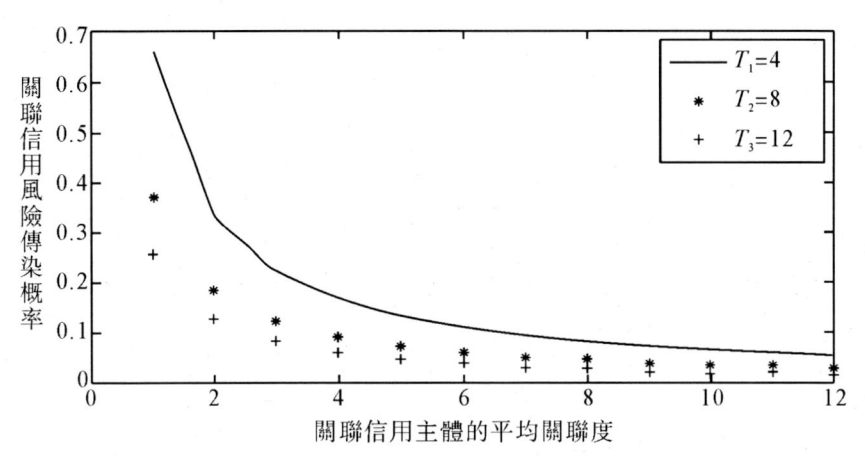

图 5-3　考慮直接關聯資產比時，傳染概率
與關聯信用主體的平均關聯度的關係

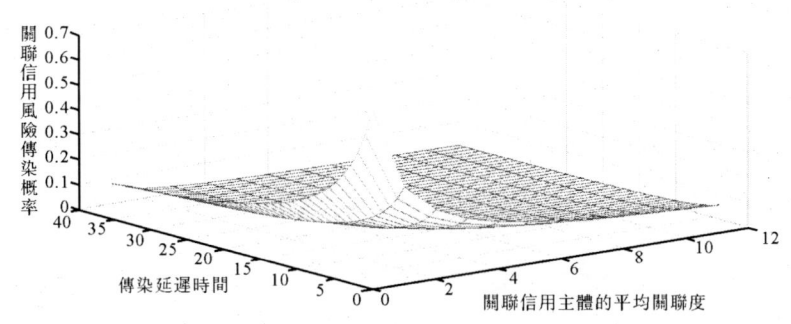

图 5-4　考慮直接資產關聯比時，傳染概率、
關聯信用主體的平均關聯度和傳染延遲時間的關係

由圖 5-1、圖 5-3 和圖 5-4 可知，在小世界網路中，隨著關聯信用主體間資產關聯的增多和傳染延遲時間的延長，關聯信用風險的傳染概率趨於穩定，並且發生關聯信用風險傳染的可能性也較低。也就是說，關聯信用主體之間的資產關係有助於網路的穩定性。

圖5-5和圖5-6刻畫了考慮和不考慮直接資產關聯比時，小世界網路中「非健康」關聯信用主體密度 ρ 隨傳染延遲時間 T 變化的情形。從圖5-5和圖5-6可以看出，在考慮和不考慮直接資產關聯比的情況下，隨著傳染延遲時間的增大，「非健康」關聯信用主體的密度也增大，並趨於穩定值。但是，在其他條件都一定的情況下，不考慮直接資產關聯比的網路中「非健康」關聯信用主體的密度遠大於考慮直接資產關聯比的情形。也就是說，不考慮直接資產關聯比的基於關聯信用主體的小世界網路中低估了關聯信用風險的傳染概率。因此，在關聯信用主體管理關聯信用風險的過程中，要重視管理關聯信用主體之間的資產關聯，才能更好地規避關聯信用風險。

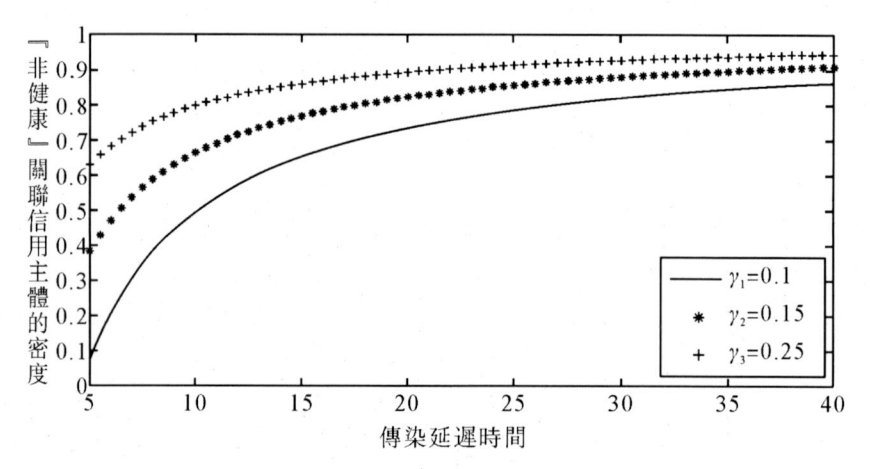

圖5-5　考慮直接關聯資產比時，「非健康」關聯信用主體的密度與傳染延遲時間的關係

　　在給定關聯信用主體的資產關聯比和平均關聯度的情況下，圖5-7描述了關聯信用主體的平均關聯度為 $\langle k \rangle = 6$ 時，「非健康」關聯信用主體的密度 ρ 隨傳染概率 γ 變化的情況。圖5-8則在圖5-7的基礎上，考慮了傳染延遲時間 T。圖5-8則在圖5-7的基礎上考慮了傳染延尺時間 T。從中可以觀察到，當傳染延遲時間或者傳染

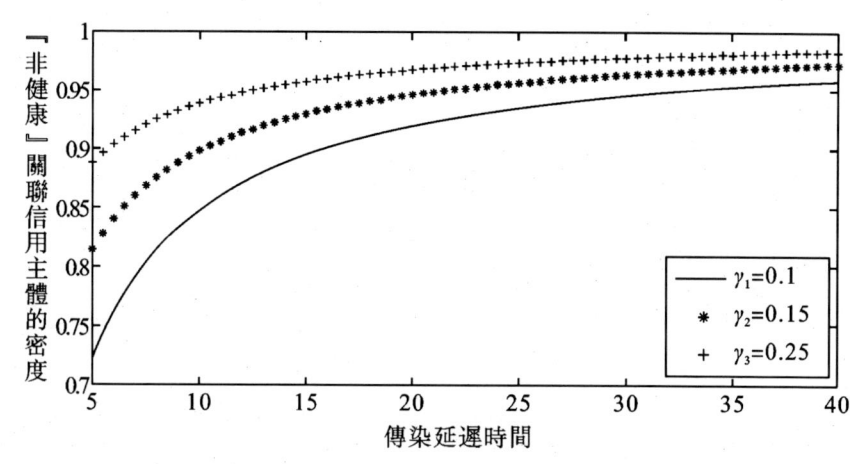

圖 5-6　不考慮直接關聯資產比時，「非健康」
關聯信用主體的密度與傳染延遲時間的關係

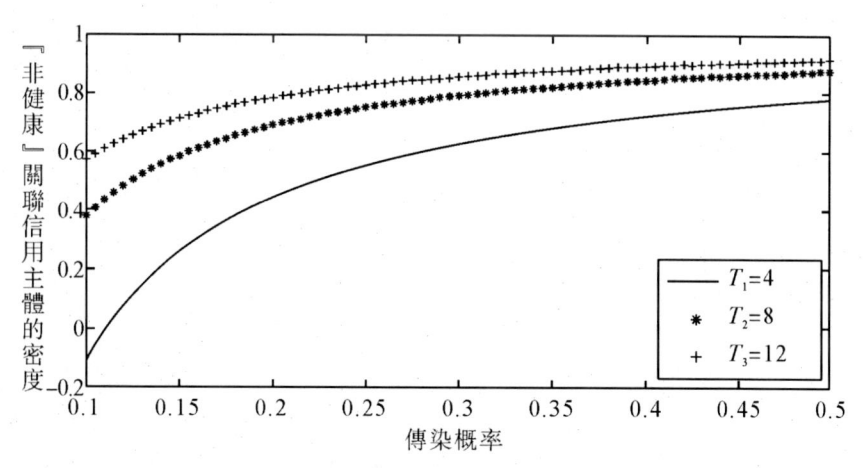

圖 5-7　考慮直接關聯資產比時，「非健康」
關聯信用主體的密度與傳染概率的關係

概率增大時，網路中「非健康」關聯信用主體的密度也增大並趨於穩定值。這表明關聯信用風險累積的時間越長或者其傳染強度比較大時，網路中「非健康」關聯信用主體的個數也越多，並且趨向穩定於某一定值。同時，當傳染延遲時間與傳染概率同時增大時，

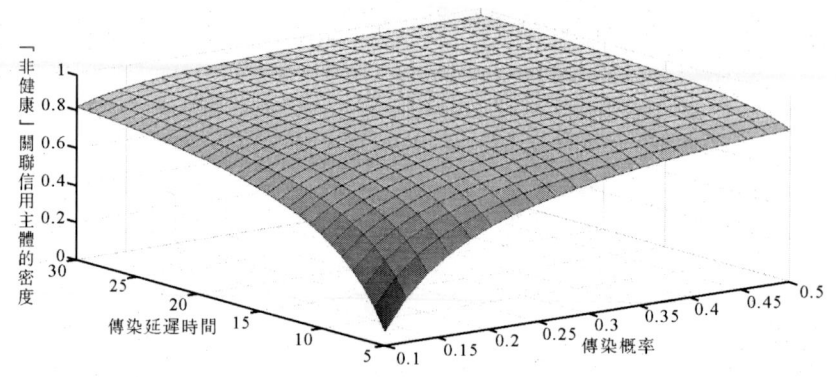

圖 5-8　考慮直接關聯資產比時，「非健康」關聯信用
主體的密度、傳染概率與傳染延遲時間的關係

「非健康」關聯信用主體的密度穩定值也越大，但網路中「非健康」關聯信用主體的密度小於 1。也就是說，在基於關聯信用主體的小世界網路中發生的關聯信用風險傳染，並不能使所有關聯信用主體都感染上關聯信用風險，這是因為有些關聯信用主體對關聯信用風險傳染具有一定的免疫性。

綜上分析可知，關聯信用主體通過識別、評估等手段管理關聯信用風險，只有對其採取積極有效的管理措施，才能較好地規避風險，從而實現關聯信用主體的經濟效益最大化。關聯信用主體之間通過資產關聯關係，實現了風險的相互分擔，促使風險得到一定程度的轉移，降低了關聯信用風險發生的可能性。關聯信用主體要處理好資產關聯關係，避免關聯信用風險的發生，從而有利於提高關聯信用主體的經濟效益。同時，在關聯信用主體發生信用風險時，其他關聯信用主體要對其及時救助，可避免關聯信用風險的進一步蔓延。但也要避免關聯信用風險延遲時間過長，即對關聯信用主體可能產生的各種隱患，要及時發現並進行必要的治理，促使關聯信用主體健康發展。因此，在現代信用風險管理中，關聯信用風險的防止和治理，具有非常重要的現實意義。

5.4 本章小結

由於現實經濟中的信用主體集群、產業集群、供應鏈網路等均具有小世界網路的特性，本章運用複雜網路的平均場理論並結合傳染病 SIS 模型，提出了基於管理信用主體的小世界網路的概念，研究該網路中「非健康」關聯信用主體的密度與關聯信用風險的傳染延遲時間及傳染概率之間的關係。研究發現，在基於關聯信用主體的小世界網路中，關聯信用主體之間通過資產關聯關係相互分擔風險，從而使關聯信用風險傳染具有延遲效應，也降低了關聯信用風險的傳染概率；「非健康」關聯信用主體的密度隨著傳染延遲時間和傳染概率的增大而增大，並趨於某一穩定值且小於 1；不考慮直接關聯資產比的基於關聯信用主體的小世界網路低估了關聯信用風險的傳染概率。這些結論為政府制定處理信用主體危機的救助決策和日常監管提供了一種參考，也為信用主體管理關聯信用風險提供了一種新的視角。

在關聯信用風險的管理過程中，特別要重視關聯信用主體之間的資產關聯關係，它既具有分擔風險的積極作用，又是關聯信用風險擴散和傳染的媒介。因此，要積極採取必要的措施防止資產關聯關係成為關聯信用風險傳染的媒介，遏制關聯信用風險的傳染。資產關聯關係或者其他因素使得關聯信用風險傳染具有延遲效應。如果關聯信用主體忽視了關聯信用風險的這一特性，關聯信用風險一旦爆發，其危害將更深，波及範圍將更大。因此，管理決策者要重視關聯信用風險傳染的延遲效應，採取積極有效的措施從源頭上及時遏制關聯信用風險的傳染，防止關聯信用風險的傳染延遲導致關聯信用風險的不斷積聚，最終給關聯信用主體帶來更大的危害。

6 基於無標度網路的關聯信用風險傳染延遲效應

6.1 引言

在現實經濟中,資產關聯關係是關聯信用主體連通的橋樑,使得它們相互作用、相互影響。因此,多個關聯信用主體通過資產關聯形成的關聯網路結構具有複雜性和多樣性。在本書的第四章假定了關聯信用主體具有同質性,在小世界網路的框架下,探討了關聯信用風險的傳染延遲效應。但是,大量的實證分析表明,許多關聯信用主體網路結構具有無標度特性。例如,國內外銀行、證券公司等金融機構之間由關聯關係形成的網路[153-155,166-168],以及國家或地區之間構成的貿易網路等都具有無標度網路的特徵[143-144,245],其連接度分布函數都具有冪率形式。在關聯信用主體通過資產關聯關係構成的複雜網路中,每個關聯信用主體具有不同的資產規模和特性,一些關聯信用主體之間存在較多的資產關聯關係,另一些關聯信用主體之間存在較少的資產關聯關係,從而導致網路中關聯信用主體所處地位不同。由於無標度網路不僅能夠反映關聯信用主體網路的這一特性,而且簡化了關聯信用主體網路的複雜結構,因此,本

章在無標度網路的框架下，探討關聯信用風險的傳染延遲效應。

在關聯信用主體網路中，關聯信用主體的關聯度是指與該關聯信用主體存在資產直接關聯關係的其他關聯信用主體的數量。如果在該網路中，少數關聯信用主體的關聯度很高，而絕大部分關聯信用主體的關聯度相對很低，則稱具有這種特徵的網路結構為「基於關聯信用主體的無標度網路結構」。該概念沿用了複雜系統中「無標度網路」（Scale-Free Networks）的概念，強調關聯信用主體的度分布具有明顯的「異質性」，而通常的ER隨機圖和WS小世界網路的度分布呈現某種「勻質性」——近似於Poisson分布。在現實中，關聯信用主體所形成的網路結構通常具有無標度網路結構的特性，即少數關聯信用主體與較多的其他關聯信用主體之間存在資產關聯關係，而大部分關聯信用主體僅與少數其他關聯信用主體之間存在資產關聯關係。

當某些關聯信用主體陷入信用危機時，與其關聯的其他信用主體通常不會立即發生信用違約，即關聯信用主體之間可能通過多種手段來降低或延遲自身的信用風險。換言之，關聯信用風險的傳染在關聯信用主體之間通常具有延遲效應。

但在現實經濟中，網路中某個或者某些關聯信用主體可能會發生關聯信用風險，與之存在資產關聯的其他關聯信用主體，可能採取某些措施救助陷入危機的關聯信用主體。因此，在基於關聯信用主體的無標度網路結構中，當發生關聯信用風險時，對其救助是否有利於關聯信用風險傳染的延遲？關聯信用主體之間的資產關聯是加重還是延緩了關聯信用風險的傳染？這些是本章所關注的問題，對這些問題的研究有著積極的現實意義。

本章利用無標度網路和傳染病模型，探討了關聯信用風險傳染延遲效應。

6.2　基於無標度網路的關聯信用風險傳染延遲效應模型

6.2.1　基本假設

考慮由 N 個關聯信用主體構成的複雜網路，節點表示關聯信用主體，邊表示兩個關聯信用主體之間直接關聯的資產。關聯信用主體的關聯度為 k 的概率稱為關聯度分布，記為 $P(k)$。關聯度為 k 的關聯信用主體的直接關聯資產與其總資產的比值稱為此關聯信用主體的直接關聯資產比，記為 η_k。為方便討論，每個關聯信用主體在網路中所處的狀態沿用5.2.1節的基本假設。

6.2.2　模型構建

在現實經濟的無標度網路中，關聯信用主體的關聯度是不均勻的，可假設網路中每個關聯信用主體的關聯度都不相同，並且直接關聯資產比隨其關聯度的增大而增大。如果網路中發生的關聯信用風險具有傳染效應，則它與關聯信用主體的關聯度、直接關聯資產比相關。設在 t 時，關聯度為 k 的「非健康」關聯信用主體的密度為 $\rho_k(t)$，其均衡狀態的密度為 ρ_k。由於關聯信用主體構成的無標度網路結構複雜，同時關聯信用風險傳染過程複雜多變，為更好地刻畫關聯信用風險傳染的特徵，可假設關聯信用風險在無標度網路中的傳染是均勻的。運用動力學平均場理論，則該網路中關聯信用風險傳染的動力學方程為：

$$\begin{cases} \dfrac{\partial s_k(t)}{\partial t} = \rho_{k,T}(t) - \gamma k \eta_k \theta(\rho(t)) s_k(t) \\[6pt] \dfrac{\partial \rho_{k,0}(t)}{\partial t} = -\rho_{k,0}(t) + \eta_k \gamma k s_k(t) \rho_k(t) \\[6pt] \qquad \dfrac{\partial \rho_{k,1}(t)}{\partial t} = -\rho_{k,1}(t) + \rho_{k,0}(t) \\[6pt] \qquad\qquad\qquad \vdots \\[6pt] \qquad \dfrac{\partial \rho_{k,T}(t)}{\partial t} = -\rho_{k,T}(t) + \rho_{k,T-1}(t) \end{cases} \qquad (6\text{-}1)$$

其中，$\rho_{k,\tau}(t)(\tau = 0, 1, \cdots, T)$ 表示關聯度為 k 的「非健康」關聯信用主體在 $t-\tau$ 時的密度，並且滿足：

$$\rho_k(t) = \sum_{\tau=0}^{T} \rho_{k,\tau}(t) \qquad (6\text{-}2)$$

其中，$\theta(\rho(t))$ 表示任意一個「健康」關聯信用主體與一個「非健康」關聯信用主體直接相連的概率，在均衡狀態時其穩定值記為 θ。方程組（6-1）的第一個方程的右邊第一項表示關聯信用風險經過傳染延遲 T 後，以單位速率恢復到「健康」狀態 S 的「非健康」狀態關聯信用主體的密度；第二項表示在 t 時網路中產生新的「非健康」關聯信用主體的密度，與傳染概率、關聯信用主體的關聯度、直接關聯資產比以及「健康」關聯信用主體的密度成比例。方程組（6-1）除第一個方程以外的方程表示在不同時刻「非健康」關聯信用主體的密度 $\rho_{k,\tau}(t)$ 之間的轉換關係。由於傳染延遲影響關聯信用風險的演化效應，本書稱此模型為 D-SIS 模型。

根據無標度網路的特性，$\theta(\rho(t))$ 和平均關聯度 $\langle k \rangle$ 的表達式為：

$$\theta(\rho(t)) = \sum_k \dfrac{kP(k)\rho_k(t)}{\sum_s sP(s)} \qquad (6\text{-}3)$$

$$\langle k \rangle = \sum_k kP(k) \tag{6-4}$$

在 t 時，網路中所有「非健康」關聯信用主體的平均密度為：

$$\rho(t) = \sum_k P(k)\rho_k(t) \tag{6-5}$$

由於在關聯信用風險傳染的過程中，網路會趨於均衡狀態，於是有：

$$\rho_{k,T} - \eta_k \gamma k(1-\rho_k)\theta = 0 \tag{6-6}$$

從而得到「非健康」關聯信用主體的密度 ρ_k 為直接關聯資產比 η_k、傳染概率 γ 和傳染延遲 T 的函數，而 θ 是 η_k、γ 和 T 的隱函數。令 $\rho_{k,\tau}(\tau=0,1,\cdots,T)$ 為「非健康」關聯信用主體的密度 $\rho_{k,\tau}(t)$ 在網路處於均衡狀態的值。根據 D-SIS 模型，該網路經過若干次演化後會進入均衡狀態，又由穩定狀態的條件 $\dfrac{\partial \rho_{k,\tau}(t)}{\partial t}=0$，可知 $\rho_{k,0}=\rho_{k,1}=\cdots=\rho_{k,T}$，將其代入式（6-2）中可得 $\rho_{k,T}=\dfrac{\rho_k}{T+1}$，再把 $\rho_{k,T}$ 代入式（6-6）中可得 $\dfrac{\rho_k}{T+1}-\eta_k \gamma k(1-\rho_k)\theta=0$，於是 $\rho_k=\dfrac{(T+1)k\gamma\theta\eta_k}{1+(T+1)k\gamma\theta\eta_k}$。

進一步，由式（6-3）和式（6-4）可得：

$$\theta = \sum_k \frac{kP(k)\rho_k}{\sum_s sP(s)} = \frac{1}{\langle k \rangle}\sum_k kP(k)\frac{(T+1)k\gamma\theta\eta_k}{1+(T+1)k\gamma\theta\eta_k} \tag{6-7}$$

注意到，$\theta=0$ 為式（6-7）的平凡解，也就是關聯信用風險傳染在網路中沒有大範圍發生。如果大範圍內發生關聯信用風險傳染，則式（6-7）必有非平凡解，即 $\theta \neq 0$，應滿足：

$$\frac{\mathrm{d}}{\mathrm{d}\theta}\left(\frac{1}{\langle k \rangle}\sum_k kP(k)\frac{(T+1)k\gamma\theta\eta_k}{1+(T+1)k\gamma\theta\eta_k}\right)\bigg|_{\theta=0} \geq 1 \tag{6-8}$$

經簡化後可得：

$$\frac{\eta_k}{\langle k \rangle} \sum_k kP(k)(T+1)k\gamma \geq 1 \qquad (6-9)$$

由此可知，當無標度網路處於均衡狀態時，關聯信用主體傳染概率的臨界值 γ_c 為：

$$\gamma_c = \frac{\langle k \rangle}{\langle k^2 \rangle \eta_k (T+1)} \qquad (6-10)$$

其中，$\langle k^2 \rangle = \sum_k k^2 P(k)$。由式（6-10）可知，當 $T=0$ 時，關聯信用風險不存在延遲效應的傳染概率。顯然，此時的傳染概率要比存在傳染延遲時更大。同時，關聯信用風險的傳染概率受關聯信用主體的關聯度、直接關聯資產比、關聯度分布和傳染延遲的影響。如果其他條件一定，當關聯信用主體的關聯度增加時，關聯信用風險傳染的概率會減少，也就是說關聯信用主體通過資產關聯可以分擔關聯信用風險；當直接關聯資產比增大時，即關聯信用主體之間通過資產關聯相互分擔了風險，關聯信用風險傳染的概率降低；當採取有效措施增加關聯信用風險傳染延遲，關聯信用風險的傳染概率也會減少。這表明在關聯信用主體發生信用風險時，如果對該關聯信用主體及時救助，可避免關聯信用風險傳染進一步擴大。

6.3 基於 BA 網路的關聯信用風險傳染延遲效應模型

6.3.1 模型構建

下面分析無標度網路的一種特殊情況——由多個關聯信用

主體構成的具有增長和優選①特徵的 BA 無標度網路。在 BA 無標度網路中，當時間 t 足夠大時，關聯信用主體的「關聯度」分布 $P(k)$ 趨於穩定，即 $P(k) = 2m^2 k^{-3}$，其中 m 為關聯度的最小值。如果 k 連續，則 $\langle k \rangle = \int_{m}^{+\infty} kP(k)\,dk = 2m$。進一步假設 BA 網路中關聯信用主體關聯度的最大值為 K_c，當 $K_c \to \infty$ 時，$\langle k^2 \rangle \approx 2m^2 \ln\left(\dfrac{K_c}{m}\right)$，由式（6-10）得傳染概率：

$$\gamma_c \approx \frac{1}{(T+1)\eta_k m \ln\left(\dfrac{K_c}{m}\right)} \qquad (6\text{-}11)$$

在 BA 網路中，關聯信用風險傳染概率 γ_c 取決於關聯信用主體的直接關聯資產比 η_k、傳染延遲 T、直接關聯的最小數目 m 和最大數目 K_c。由於 K_c 的取值取決於 BA 網路中關聯信用主體的個數 N，根據無標度網路的性質，可令 $K_c \approx mN^{\frac{1}{2}}$ 並將其代入式(6-11)，得到 γ_c 與 N 的函數表達式：

$$\gamma_c \approx \frac{2}{(T+1)\eta_k m \ln N} \qquad (6\text{-}12)$$

由式（6-12）可知，關聯信用風險的傳染概率 γ_c 是傳染延遲時間 T、直接關聯資產比 η_k 和關聯信用主體個數 N 的函數。當直接關聯資產比增大時，即關聯信用主體之間的關聯資產增大，其他關聯信用主體分擔的風險也增大，從而降低了關聯信用風險傳染的可能性；關聯信用風險傳染延遲越長，其傳染的可能性越小；關聯信用主體數量越多，被關聯信用風險傳染的

---

① 增長是指關聯信用主體構成的複雜網路是一個開放系統，不斷有新的關聯信用主體加入，網路中總的關聯信用主體個數會不斷增加。優選是指新加入的關聯信用主體連接網路中其他關聯信用主體的概率依賴於已有的關聯信用主體的關聯度，也就是遵循「富者更富」法則。

可能性越小，即更多的關聯信用主體分擔了關聯信用風險。因此，關聯信用主體數量的增多或者直接關聯資產比的增大或者關聯信用風險傳染的延遲，都會減弱 BA 網路中關聯信用風險的傳染效應。

進一步，當 $\gamma > \gamma_c$ 時，關聯信用風險具有傳染效應，並且使多個關聯信用主體處於「非健康」狀態。給定直接關聯資產比 η_k，將 $P(k)$ 和 $\langle k \rangle$ 代入式（6-7），可得：

$$\frac{1}{m} = \int_m^{+\infty} \frac{(T+1)\gamma\theta\eta_k}{k[1+(T+1)\eta_k k\gamma\theta]} \mathrm{d}k$$

$$= \eta_k \theta \gamma (T+1) \ln\left[\frac{1+(T+1)m\gamma\theta\eta_k}{m}\right] \qquad (6-13)$$

再將 $P(k)$ 代入式（6-5）中可得：

$$\rho = \sum_k P(k)\rho_k$$

$$= \sum_k 2m^2 k^{-3} \frac{(T+1)k\gamma\theta\eta_k}{1+(T+1)k\gamma\theta\eta_k}$$

$$= \int_m^{+\infty} 2m^2 k^{-3} \frac{(T+1)k\gamma\theta\eta_k}{1+(T+1)\eta_k k\gamma\theta} \mathrm{d}k$$

$$= 2m^2\gamma\theta\eta_k(T+1)\int_m^{+\infty}\left(\frac{Ak+B}{k^2}+\frac{C}{1+k\gamma\theta(T+1)\eta_k}\right)\mathrm{d}k$$

$$= 2m^2\gamma\theta\eta_k(T+1)$$

$$\left[A\ln k \big|_m^{+\infty} - B\frac{1}{k}\big|_m^{+\infty} + \frac{C}{\gamma\theta\eta_k(T+1)}\ln[1+k\gamma\theta(T+1)\eta_k]\big|_m^{+\infty}\right]$$

$$(6-14)$$

其中，$A = -\eta_k\gamma\theta(T+1)$，$B = 1$，$C = \eta_k^2\gamma^2\theta^2(T+1)^2$，把 A、B、C 代入式（6-12），結合式（6-13）可得：

$$\rho = 2\eta_k m^2 \gamma\theta(T+1)\left[\eta_k\gamma\theta(T+1)\ln\frac{m}{1+m\gamma\theta\eta_k(T+1)}+\frac{1}{m}\right]$$

$$= 2\eta_k m\gamma\theta(1-\theta)(T+1) \qquad (6-15)$$

這裡的 θ 是式（6-13）中的解。從式（6-13）和式（6-15）可以看出，BA 網路中關聯信用風險傳染具有延遲效應。在 BA 網路中，「非健康」關聯信用主體的密度取決於關聯信用風險的傳染概率、傳染延遲以及關聯信用主體的直接關聯資產比。

6.3.2 可視化分析

下面以 BA 網路中關聯信用風險傳染為例，利用軟件 Matlab2014b，刻畫關聯信用風險傳染概率隨傳染延遲及關聯信用主體個數的演化過程，以及「非健康」關聯信用主體的密度和傳染延遲及傳染概率之間的關係。

依據現實經濟現象和 BA 無標度網路的特徵，假設關聯信用主體關聯度的最小數目為 $m = 2$，任意一個「健康」信用主體與一個「非健康」信用主體相關聯的概率的穩定值為 $\theta = \frac{1}{2}$，直接關聯資產比為 $\eta_k = 0.3$。

圖 6-1 描述了在 BA 網路中關聯信用主體的個數分別為 $N_1 = 10$，$N_2 = 30$，$N_3 = 50$ 時，關聯信用風險傳染概率 γ_c 隨傳染延遲時間 T 變化的情況。圖 6-2 描述了在 BA 網路中傳染延遲時間分別為 $T_1 = 5$，$T_2 = 10$，$T_3 = 20$ 時，關聯信用風險傳染概率 γ_c 與關聯信用主體的數量 N 之間的關係。從圖 6-1 和圖 6-2 中可以看出，關聯信用風險的傳染概率隨著傳染延遲的時間的增大而減少；網路中關聯信用主體個數越多，關聯信用風險傳染概率越小；隨著傳染延遲的增大或者關聯信用主體個數的增多，關聯信用風險的傳染概率都趨於某一穩定值。也就是說，關聯信用風險傳染延遲的時間的增大或者關聯信用主體數量的增加，都能降低關聯信用風險的傳染概率。

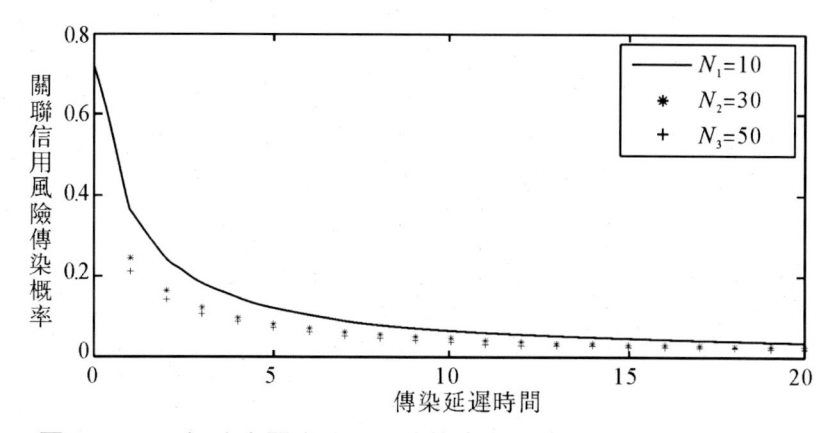

图 6-1 BA 網路中關聯信用風險傳染概率隨傳染延遲的變化情況

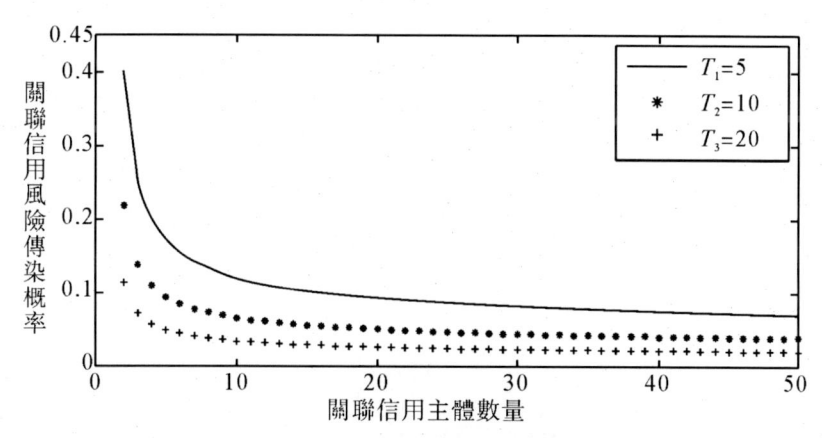

图 6-2 BA 網路中關聯信用風險傳染
概率隨關聯信用主體數量的變化情況

 圖6-1 和圖6-2 表明，關聯信用主體之間通過資產關聯關係，可以分擔關聯信用風險，降低關聯信用風險的傳染概率，從而延緩關聯信用風險傳染的發生。因此，適當增加關聯信用主體的數量，可以使關聯信用主體之間相互分擔風險，或者在發生關聯信用風險時對其及時救助，都會延緩關聯信用風險的發生。

 圖6-3 和圖6-4 分析了考慮和不考慮直接關聯資產比的情

況下，關聯信用風險傳染概率 γ_c 隨著關聯信用主體的數量 N 和傳染延遲時間的演化規律。由圖 6-1、圖 6-2 和圖 6-3 可知，傳染延遲時間的邊際大於關聯信用主體的數量的邊際，即傳染延遲時間比關聯信用主體的數量對傳染概率的影響更大。這也表明，如果沒有及時對關聯信用風險進行必要的救助，關聯信用主體的關聯信用風險累積越久，關聯信用風險的危害越大。

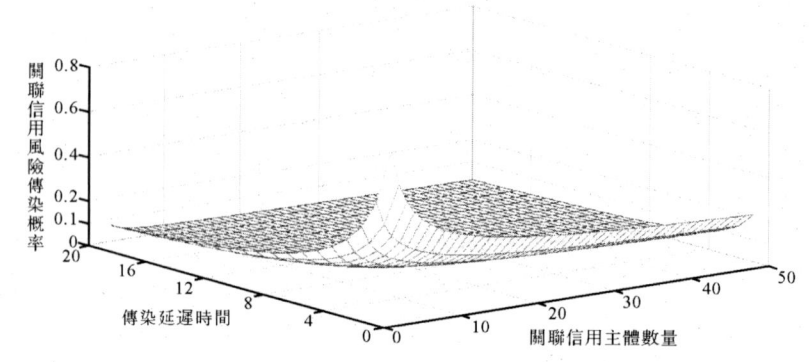

圖 6-3　考慮直接關聯資產比時，關聯信用風險傳染概率與關聯信用主體數量、傳染延遲時間的關係

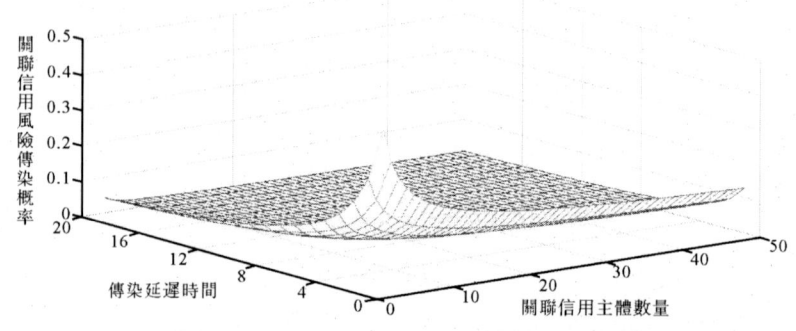

圖 6-4　不考慮直接關聯資產比時，關聯信用風險傳染概率與關聯信用主體數量、傳染延遲時間的關係

由圖 6-3 和圖 6-4 可知，傳染延遲時間和關聯信用主體的數量都比較小時，關聯信用風險發生的概率也比較大。關聯信

用主體之間通過資產關聯關係分擔了風險，進而影響了關聯信用風險的傳染概率。因此，一旦資產關聯的信用主體爆發信用危機，對關聯信用主體構成的網路結構衝擊非常大，這也符合現實的經濟現象。

圖6-5和圖6-6描述了在關聯信用風險傳染概率分別為γ_1 = 0.01，γ_2 = 0.03，γ_3 = 0.06的情況下，考慮和不考慮直接關聯資產比時，「非健康」關聯信用主體的密度ρ和傳染延遲時間T的關係。由此可知，如果傳染概率不同，則「非健康」關聯信用主體的邊際密度也不同，且關聯信用主體感染關聯信用風險的邊際密度隨著傳染概率增大而增大；「非健康」關聯信用主體的密度隨著傳染延遲的時間的增大而增大。這表明關聯信用風險累積的時間越長，其危害越大，網路中「非健康」關聯信用主體數量也越多，最終可能導致整個系統陷入危機。對比圖6-5和圖6-6可以看出，考慮直接關聯資產比的「非健康」關聯信用主體的密度低於不考慮直接資產關聯比的情況。也就是說，關聯信用主體之間的資產關係影響關聯信用主體是否被關聯信用風險傳染，進而影響整個網路中「非健康」關聯信用主體所占的比例。

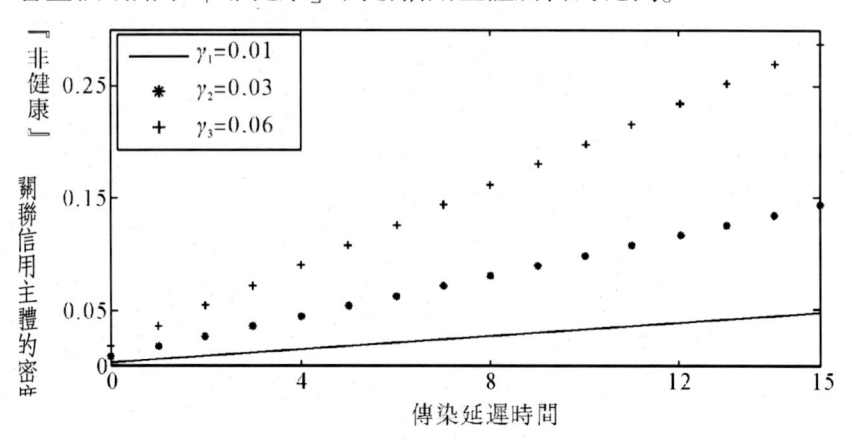

圖6-5 考慮直接關聯資產比時，「非健康」關聯信用主體的密度與傳染延遲時間的關係

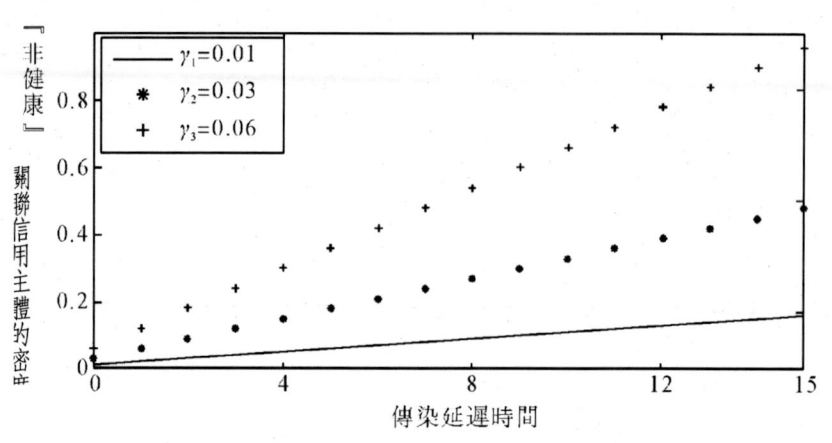

图 6-6　不考慮直接關聯資產比時，「非健康」
關聯信用主體的密度與傳染延遲時間的關係

　　圖 6-7 和圖 6-8 描述了在傳染延遲時間分別為 $T_1 = 3$，$T_2 = 6$，$T_3 = 15$ 時，考慮和不考慮直接關聯資產比時，「非健康」關聯信用主體的密度 ρ 和傳染概率 γ 之間的關係。由此可知，當傳染延遲時間確定時，關聯信用風險的傳染概率越大，「非健康」關聯信用主體的數量越多，即傳染概率越大，關聯信用風險的傳染性越強，可能使更多的關聯信用主體被傳染。同時，關聯信用風險的傳染延遲時間的不同，「非健康」關聯信用主體的邊際密度也不同。由圖 6-7 和圖 6-8 可知，除了傳染概率影響網路中「非健康」關聯信用主體的比例，關聯信用主體之間的直接關聯資產比也對網路中「非健康」關聯信用主體的數量有較大的影響。

　　圖 6-9 和圖 6-10 描述了在考慮和不考慮直接關聯資產比的情況下，「非健康」關聯信用主體的密度和傳染概率及傳染延遲時間的關係。圖 6-5、圖 6-6、圖 6-7、圖 6-8，以及圖 6-9 和圖 6-10 的結果表明，傳染概率比傳染延遲時間對「非健康」關聯信用主體的邊際密度影響更大，即在其他條件一定的情況下，

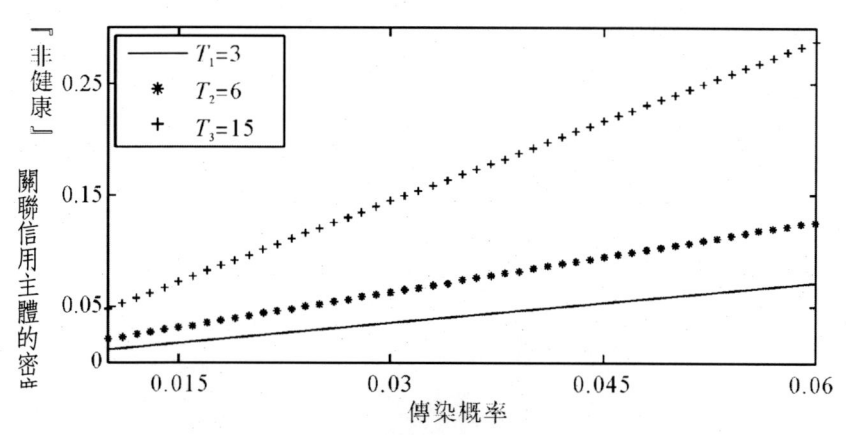

圖 6-7 考慮直接關聯資產比時，「非健康」關聯信用主體的密度與傳染概率的關係

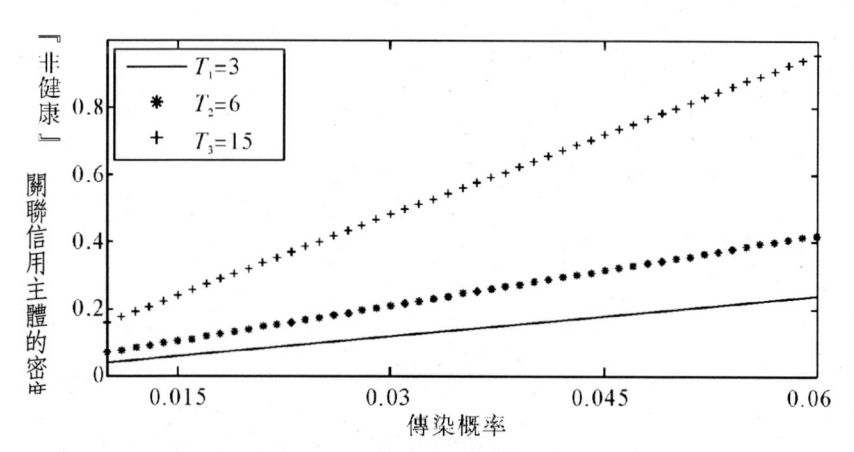

圖 6-8 不考慮直接關聯資產比時，「非健康」關聯信用主體的密度與傳染概率的關係

傳染概率比傳染延遲時間對關聯信用主體的經濟效益、發展前景等的危害更大。關聯信用主體的直接關聯資產比也影響網路中「非健康」關聯信用主體所占的比例，這是由於關聯信用主體之間通過直接資產關聯關係分擔風險，減緩了關聯信用風險的傳染，進而影響了網路中「非健康」關聯信用主體的比例。

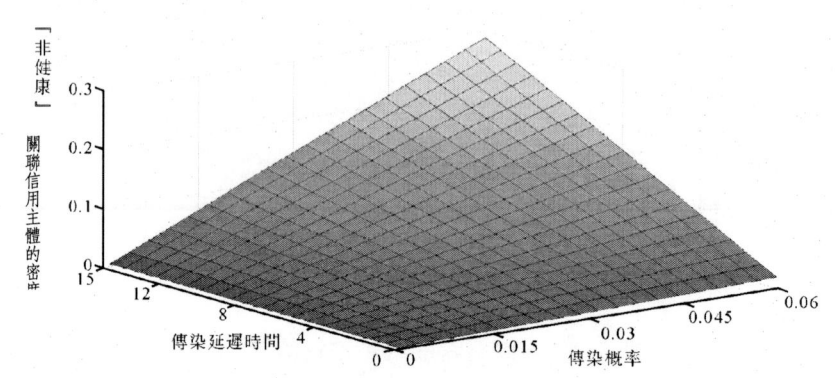

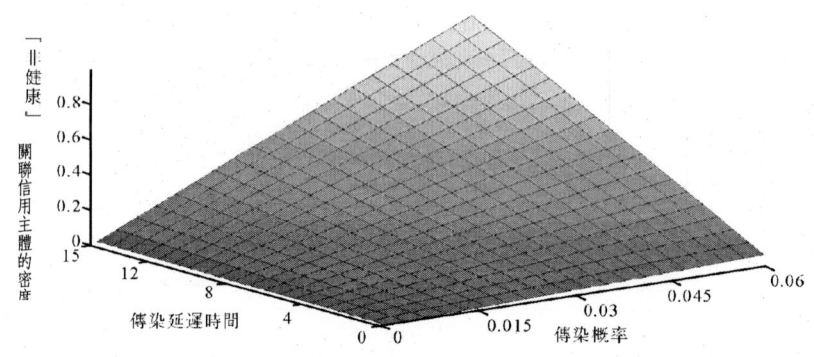

这表明考虑直接关联资产比的情况下的「非健康」关联信用主体的比例更能反映现实经济情况。

图 6-9 考虑直接关联资产比时，「非健康」关联信用主体的密度和传染延迟时间及传染概率的关系

图 6-10 不考虑直接关联资产比时，「非健康」关联信用主体的密度和传染延迟时间及传染概率的关系

因此，在现实的关联信用风险管理过程中，要对其实施积极审慎的管理方式。首先，要善于管理关联信用主体之间的资产，尽力避免关联信用风险的发生，以提高关联信用主体的经济效益，进而促使关联信用主体健康发展。其次，如果关联信用主体发生关联信用风险要及时对其救助，以防止关联信用风险传染的进一

步擴大。最後，不能使關聯信用風險的傳染延遲時間太長，以提高「健康」關聯信用主體在網路所占的比例，使整個網路系統處於「健康」的運行狀態。總之，對關聯信用風險進行有效管理，有益於一個經濟實體網路乃至整個經濟的穩定發展。

6.4　本章小結

由於關聯信用主體形成的複雜網路大多具有無標度網路的特徵，本章利用複雜網路的平均場理論並結合傳染病模型，提出了基於關聯信用主體的無標度網路結構的概念，研究了「非健康」關聯信用主體的密度與直接關聯資產比、傳染延遲時間及傳染概率之間的關係。結果表明，關聯信用風險的傳染強度受傳染延遲時間、直接關聯資產比和關聯度的影響，傳染概率比傳染延遲時間對關聯信用風險的影響更大。在其他條件確定的情況下，關聯信用主體之間的關聯越多，產生關聯信用風險傳染的可能性越小；關聯信用主體的直接關聯資產比越大，與其關聯的信用主體能分擔更多風險，從而發生關聯信用風險的可能性也較小；傳染延遲越長，關聯信用風險的傳染概率也越小。同時，關聯信用主體之間通過資產關聯關係相互分擔風險，也減緩了關聯信用風險發生的可能性。這些結論與現實中關聯信用主體發生的信用危機現象是一致的。

從上述研究可以發現，關聯信用主體在治理關聯信用風險過程中，不僅要從資產關聯、傳染延遲、傳染概率等多角度和多方位重視關聯信用風險所造成的影響，而且應該根據關聯信用風險傳染和延遲的規律採取強有力的防範措施，對關聯信用風險進行及時治理。這樣才能避免關聯信用風險的積聚對關聯信用主體帶來的損害，最終實現關聯信用主體的持續健康發展。

7 不完全免疫情景下的關聯信用風險傳染延遲及仿真

7.1 引言

　　本書第五章和第六章假定關聯信用主體為同質化或者異質化，在小世界網路和無標度網路的框架下，研究關聯信用風險傳染的延遲效應。當關聯信用風險發生時，關聯信用主體的某些行為也可能致使關聯信用風險傳染具有延遲效應。因此，本章探討分析關聯信用主體在不完全免疫的情景下，關聯信用風險傳染的延遲問題。

　　關聯信用主體之間的關聯信用風險在經濟危機中往往起著推波助瀾的作用，特別是具有較大且複雜信用風險的關聯信用主體，一旦違約會殃及與之關聯的其他關聯信用主體乃至整個社會，導致一系列連鎖反應。如果某些具有複雜關聯關係的關聯信用主體發生信用風險，一些與之關聯的關聯信用主體可以有效地避免關聯信用風險的不良影響；而一些關聯信用主體則會受到與之關聯信用主體違約的衝擊而隨之發生信用風險；也有一些關聯信用主體在關聯信用風險傳染發生前一段時間可能有很好的應對措施，但隨著關聯信用風險傳染強度或影響範圍

的不斷擴大而最終自身難保。因此，在一個關聯信用主體網路中，關聯信用風險將影響所有信用主體的健康和可持續發展。

小世界網路理論[18]為研究經濟管理中的複雜網路提供了研究工具，如信用主體間的資產關聯網路或股權關係網路、期貨指數網路等[151-152,165,178,241]均具有小世界網路的特徵。

學界對複雜網路上的免疫理論的研究已取得很大的進展。比如，夏承遺、劉忠信等（2008）[246]構建了帶有直接免疫的SIRS類傳染病模型，並利用平均場理論和模擬仿真研究了均勻網路和非均勻網路上傳播臨界值的特性；王亞奇、蔣國平（2010）[247]應用平均場理論，深入探討了在免疫失敗和免疫失效同時存在時，網路中病毒的傳播行為；呂天陽、樸秀峰等（2012）[248]構建了基於傳播免疫的複雜網路控製模型，探討了在隨機免疫和目標免疫兩種策略下14個真實網路的可控性。然而，複雜網路上的免疫理論在經濟管理中的應用還處於起步階段。

在現實中，關聯信用主體網路的關聯結構通常較為複雜，網路中的關聯信用主體可能具有不同的規模或屬於不同的行業或位於不同的地區甚至具有不同的性質。在這種關聯網路結構下，同時具有直接和間接關聯關係的關聯信用主體網路結構十分複雜。為了簡化這種複雜的網路結構，本章沿用第四章所提出的「基於關聯信用主體的小世界網路結構」概念。也就是說，該網路結構中，僅有少數關聯信用主體之間存在緊密或直接的資產關聯關係，而大多數關聯信用主體之間存在間接的關聯關係，此處的間接關聯關係是指信用主體之間可以經過幾次關聯形成的關聯關係。同時，小世界網路結構不僅可以刻畫關聯信用主體網路中關聯關係所表現的特徵，而且簡化了關聯關係結構的複雜性。

信用主體生存的經濟環境與生物有機體的生存環境具有一

定的共性,即充滿複雜性、不確定性、傳染性和免疫效應。面對關聯信用風險的突發性和不確定性,如果信用主體能夠準確判斷並迅速採取行動避免被關聯信用風險感染,則稱信用主體對關聯信用風險具有免疫性,信用主體的這種救治能力稱為信用主體的免疫治理能力。信用主體的這種免疫治理能力使得其可能不會再發生關聯信用風險,進而延緩了網路中所發生的關聯信用風險傳染。也就是說,信用主體的免疫治理能力使關聯信用風險傳染具有延遲效應。

在關聯信用主體間的關聯信用風險的免疫治理過程中,如果關聯信用風險傳染性極強或者關聯信用主體的免疫治理策略失誤,可能導致關聯信用主體的免疫治理失敗,則稱關聯信用主體免疫失敗。如果免疫成功的關聯信用主體,經過一段時間後,以一定概率失去免疫性,則稱關聯信用主體免疫失效。因此,關聯信用主體的免疫治理策略不是都完全有效,即關聯信用主體對其關聯信用風險的治理策略是在不完全免疫治理情景下產生的。在關聯信用主體網路中,如果其中一些關聯信用主體發生信用風險,資產關聯關係如何影響關聯信用主體網路中關聯信用風險的傳染效應?不完全免疫情景對關聯信用主體網路中關聯信用風險的傳染過程和延遲效應有何種影響?這些問題的解決有助於信用主體更有效地管理關聯信用風險。

同時,由資產關聯關係組成的關聯信用主體網路,具有複雜性、分散性、異質性等網路特徵,導致關聯信用風險在關聯信用主體網路中的傳染過程呈現出不完全規則但也並非完全無序的特徵。基於此,本章利用介於規則網路和隨機網路之間的小世界網路來刻畫這種有序和隨機並存的網路特徵。本章的研究對於預防和控製關聯信用主體網路中關聯信用風險的傳染,促進整個信用主體網路的健康發展和維護整個社會經濟的穩定具有重要的學術研究價值和現實意義。

本章在小世界網路的框架下，探討不完全免疫情景下關聯信用風險傳染延遲規律。

7.2 不完全免疫情景下的關聯信用風險傳染模型

7.2.1 基本假設

考慮由 N 個存在資產關聯關係的關聯信用主體構成的關聯信用主體網路，該網路具有「基於關聯信用主體的小世界網路」的特徵，節點表示關聯信用主體，邊表示關聯信用主體之間存在的資產關聯關係。關聯信用主體網路的平均關聯度為 $\langle k \rangle$，關聯信用主體的關聯資產與其總資產之比為關聯信用主體的資產關聯比，記為 η。其中，關聯資產是指關聯信用主體網路中關聯信用主體之間通過資產擔保、債務、股權等形式構成的資產。本章所給出的資產關聯比的概念與第五章所定義的相同。換言之，網路中每一個關聯信用主體的資產關聯比等於網路中所有關聯信用主體的關聯資產之和與其總資產之比，即關聯信用主體網路的資產關聯比。為方便分析，不妨假設網路中任一關聯信用主體只能處於以下四種狀態之一：

① 「健康」狀態 S，表示關聯信用主體無信用風險或未被關聯信用風險傳染，但易感染。

② 「非健康」狀態 I，表示關聯信用主體存在信用風險或者已被關聯信用風險傳染，並且具有傳染性，但通過有效救助可以恢復到「健康」狀態。

③ 「移出」狀態 R，表示關聯信用主體存在信用風險或已被關聯信用風險傳染，且通過多種手段救治後，仍不能轉換為

「健康」狀態的關聯信用主體,即網路中因感染關聯信用風險而發生違約的關聯信用主體所處的狀態。

④「擬免疫」狀態 Im,表示關聯信用主體雖然被關聯信用風險傳染,但通過救助後可能避免或緩解自身信用風險的進一步惡化,從而使關聯信用風險傳染被延遲。該類關聯信用主體是否免疫成功與關聯信用風險的傳染強度和關聯信用主體自身的「免疫」治理能力有關。

假設在初始時,網路中的關聯信用主體都是健康的,但隨著宏觀經濟環境的惡化或者關聯信用主體自身經營不善,網路中的某些關聯信用主體進入「非健康」狀態。處於「健康」狀態的關聯信用主體通過與「非健康」關聯信用主體的資產關聯關係也可能變為「非健康」關聯信用主體。「擬免疫」關聯信用主體由於自身具有一定的處置風險能力,通常可以緩解「非健康」關聯信用主體信用風險的衝擊。也就是說,關聯信用主體的「擬免疫」特性可以延緩關聯信用風險在網路中的傳染。但在現實經濟中,由於某些關聯信用主體信用風險的傳染性強,與其具有資產關聯的「擬免疫」關聯信用主體有時並不能成功避免關聯信用風險的傳染,即存在免疫失敗的情況;同時,一些免疫成功的關聯信用主體,隨著關聯信用風險傳染強度增大或關聯信用主體自身的「免疫」治理策略失誤,經過一段時期後,將會以一定的概率失去免疫能力,即存在免疫失效的情況。由此可知,免疫失敗並不能延緩關聯信用風險的傳染,而在免疫失效的情況下,關聯信用風險傳染具有延遲效應。

本章假設規模為 N 的關聯信用主體網路中「擬免疫」關聯信用主體的密度為 $\alpha(0<\alpha<1)$,免疫成功率為 $\beta(0<\beta<1)$,即網路中免疫成功的關聯信用主體所占比例為 $\alpha\beta$。一般情況下,不同關聯信用主體的「免疫」治理能力存在差異,導致它們的免疫成功率也有所不同。為了方便討論,本章假設所有「擬免疫」關

聯信用主體的免疫成功率為 β。

如果在 t 時,「非健康」關聯信用主體的信用風險增大並開始在關聯信用主體網路中擴散,在 $t+1$ 時,「健康」關聯信用主體和「擬免疫」關聯信用主體均以概率 γ 被「非健康」關聯信用主體傳染,其中稱 γ 為關聯信用風險的傳染概率。進一步,假設「非健康」的關聯信用主體得到有效救助後,以概率 δ 恢復到「健康」狀態 S,稱 $p=\dfrac{\gamma}{\delta}$ 為關聯信用風險的有效傳染概率。為方便討論,不妨假設對「非健康」關聯信用主體進行有效救助後都可以恢復到「健康」狀態,故 $\delta=1$,由此,可以用傳染概率 γ 近似有效傳染概率 p。

隨著關聯信用風險傳染效應進一步增大,如果免疫成功的關聯信用主體經過一段時間後,會以一定的概率失去免疫能力,即該類關聯信用主體免疫失效。本章忽略關聯信用主體之間的差異性,假設所有「擬免疫」關聯信用主體的免疫失效概率均為 σ。換言之,「擬免疫」關聯信用主體將會以概率 $\sigma\gamma$ 由「擬免疫」狀態 Im 轉化為「非健康」狀態 I。對於不具有免疫能力且未被傳染的關聯信用主體,可以認為其仍處於「擬免疫」狀態,即不考慮關聯信用主體由「擬免疫」狀態 Im 轉換為「健康」狀態 S 的情況(因為分別處於「健康」和「擬免疫」狀態的關聯信用主體個數,不會對網路中「非健康」關聯信用主體的密度產生影響)。關聯信用主體網路中關聯信用風險的傳染過程:「健康」關聯信用主體遵循從 S→I→R 的轉化過程,「擬免疫」關聯信用主體遵循從 Im→I→R 的轉化過程。

在 t 時,處於「健康」狀態的關聯信用主體數量在網路中所占的比例被稱為「健康」信用主體的密度,記為 $S(t)$;處於「非健康」狀態的關聯信用主體數量在網路中所占的比例被稱為「非健康」關聯信用主體的密度,記為 $\rho(t)$;違約關聯信用主

體的數量在網路中所占的比例被稱為「移出」關聯信用主體的密度，記為 $R(t)$；處於「擬免疫」狀態的關聯信用主體的數量在網路中所占的比例被稱為「擬免疫」關聯信用主體的密度，記為 $\tau(t)$；且滿足條件 $S(t) + \rho(t) + R(t) + \tau(t) = 1$。

7.2.2 模型構建

在關聯信用主體網路中，關聯度一般是指與關聯信用主體存在直接資產關聯關係的其他關聯信用主體的數量。根據小世界網路的特徵，關聯信用主體網路中每一個關聯信用主體的關聯度近似等於網路的平均關聯度，因此，可以假定網路中每一個關聯信用主體的資產關聯比都相同。也就是說，在關聯信用主體網路中，資產規模大的關聯信用主體關聯的資產較多，資產規模小的關聯信用主體所關聯的資產較小，從而使得網路中每個關聯信用主體的資產關聯比幾乎一樣。如果關聯信用主體網路中發生關聯信用風險的傳染，則其傳染的強度與網路中關聯信用主體的平均關聯度、資產關聯比等相關。同時，鑒於關聯信用主體網路結構的複雜性以及關聯信用風險傳染過程的複雜多變性，假設關聯信用風險在網路中的傳染是均勻的，即網路中「非健康」關聯信用主體呈現均勻分布。基於此，本章運用動力學平均場理論，得到網路中各種狀態下的關聯信用主體隨時間 t 的演化方程：

$$\frac{\mathrm{d}\rho(t)}{\mathrm{d}t} = -\rho(t) + \gamma\langle k\rangle\eta\rho(t)S(t) + \sigma\gamma\langle k\rangle\eta\rho(t)\tau(t) \quad (7-1)$$

$$\frac{\mathrm{d}S(t)}{\mathrm{d}t} = -\gamma\eta\langle k\rangle\rho(t)S(t) \quad (7-2)$$

$$\frac{\mathrm{d}\tau(t)}{\mathrm{d}t} = -\sigma\gamma\eta\langle k\rangle\rho(t)\tau(t) \quad (7-3)$$

$$\frac{\mathrm{d}R(t)}{\mathrm{d}t} = \rho(t) \quad (7-4)$$

其中，式（7-1）中等號右邊的第一項表示「非健康」關聯信用主體以單位速率違約；第二項表示「健康」關聯信用主體受「非健康」關聯信用主體違約傳染而產生新的「非健康」關聯信用主體的平均密度，它與關聯信用風險傳染概率 γ、關聯信用主體的平均關聯度 $\langle k \rangle$、關聯信用主體的資產關聯比 η 以及「健康」關聯信用主體的密度 $S(t)$ 成比例；最後一項表示「擬免疫」關聯信用主體在免疫失效的影響下產生新的「非健康」關聯信用主體的平均密度，它和關聯信用主體的平均關聯度 $\langle k \rangle$、關聯信用主體的資產關聯比 η、關聯信用風險的傳染概率 γ、「擬免疫」關聯信用主體的免疫失效率 σ 以及「擬免疫」關聯信用主體的密度 $\tau(t)$ 成比例。

在關聯信用主體網路中關聯信用風險傳染的初始時刻，假設「非健康」關聯信用主體在網路中所占比例非常小，且隨機分布在整個關聯信用主體網路中。「擬免疫」關聯信用主體密度和免疫成功率分別為 α 和 β，則可以得到關聯信用風險傳染的初始條件為：

$$\rho(0) = 0, \ R(0) = 0, \ \tau(0) = \alpha\beta, \ S(0) = 1 - \alpha\beta \quad (7-5)$$

利用初始條件，結合式（7-2）和式（7-3）可以得到網路中「健康」關聯信用主體和「擬免疫」關聯信用主體密度的表達式分別為：

$$S(t) = (1 - \alpha\beta)\exp\left[-\gamma\eta\langle k \rangle \int_0^t \rho(u)\mathrm{d}u\right] \quad (7-6)$$

$$\tau(t) = \alpha\beta\exp\left[-\sigma\gamma\eta\langle k \rangle \int_0^t \rho(u)\mathrm{d}u\right] \quad (7-7)$$

引入輔助函數：

$$\varphi(t) = \int_0^t \rho(u)\mathrm{d}u = R(t) \quad (7-8)$$

則 $\varphi(t)$ 等於網路中被「移出」關聯信用主體的密度 $R(t)$，對式（7-8）關於時間 t 求微分，可得：

$$\frac{d\varphi(t)}{dt} = \rho(t) = 1 - S(t) - R(t) - \tau(t)$$
$$= 1 - (1-\alpha\beta)\exp(-\gamma\eta\langle k\rangle\varphi(t)) - \varphi(t) -$$
$$\alpha\beta\eta\exp(-\sigma\gamma\langle k\rangle\varphi(t)) \tag{7-9}$$

隨著時間趨向無窮大，關聯信用主體網路將處於穩定狀態。此時，網路中不再存在「非健康」狀態的關聯信用主體，即當 $t\to\infty$ 時，$\rho(\infty)=0$。由式（7-8）可知：

$$\lim_{t\to\infty}\frac{d\varphi(t)}{dt}=0 \tag{7-10}$$

結合式（7-9）和式（7-10）可得：

$$H(\varphi(\infty)) = 1 - (1-\alpha\beta)\exp(-\gamma\eta\langle k\rangle\varphi(\infty)) - \alpha\beta\exp(-\sigma\gamma\eta\langle k\rangle\varphi(\infty)) \tag{7-11}$$

這裡的 $H(\varphi(\infty))$ 是一個輔助函數，式（7-11）存在平凡解 $\varphi(\infty)=0$，且當 $\varphi(\infty)=0$ 時，由式（7-8）可知，$R(\infty)=0$。這表明當關聯信用風險傳染達到穩定狀態時，不存在具有傳染性的關聯信用主體，進而說明關聯信用主體網路中不存在關聯信用風險的傳染效應。

如果關聯信用風險在網路中大範圍傳染，表明關聯信用主體網路中至少有一個「非健康」關聯信用主體，則式（7-11）必定存在一個非平凡解 $\varphi(\infty)\neq 0$，需要滿足下列條件：

$$\left.\frac{dH(\varphi(\infty))}{d\varphi(\infty)}\right|_{\varphi(\infty)=0} \geq 1 \tag{7-12}$$

進一步，可以化簡為：

$$\gamma\eta\langle k\rangle(1-\alpha\beta+\alpha\beta\sigma) \geq 1 \tag{7-13}$$

從式（7-13）可以得出關聯信用主體網路穩定時，關聯信用風險的臨界傳染概率為：

$$\gamma_c = \frac{1}{[1-\alpha\beta+\alpha\beta\sigma]\eta\langle k\rangle} \tag{7-14}$$

由式（7-14）可知，關聯信用風險傳染概率 γ_c 是關於 α、β、σ 以及資產關聯比 η 的函數。可以發現，與只考慮免疫失敗或者免疫失效的情況相比，兩者同時存在將降低關聯信用風險傳染的臨界概率，從而增大了關聯信用風險發生的危險性，進而減弱關聯信用風險的傳染延遲效應。在不考慮免疫失效和免疫失敗的情況下，所獲得的 γ_c 偏大，將錯估關聯信用風險傳染的延遲影響。同時，如果不考慮關聯信用主體之間的資產關聯比，則將提高 γ_c 的值。也就是說，關聯信用主體之間能夠通過資產關聯關係分擔關聯信用風險，從而使關聯信用主體網路中的關聯信用風險傳染延遲發生。由此可知，在關聯信用主體免疫治理的過程中，如果過高估計免疫的效果，將不利於對關聯信用風險的管控。因此，在控製關聯信用風險在關聯信用主體網路中傳染時，關聯信用主體不僅應該提高自身的免疫治理能力和免疫效果，而且應該管理好關聯信用主體之間的關聯資產以減少免疫失效的影響。

在關聯信用風險傳染概率 γ 已知的情況下，對於給定的 σ 和 β，預期的免疫效果由式（7-14）可得：

$$\alpha = \frac{\gamma\eta\langle k\rangle - 1}{\beta\gamma\eta(1-\sigma)\langle k\rangle} \tag{7-15}$$

從式（7-15）可以發現，如果不考慮關聯信用主體免疫成功和免疫失效的影響，就會高估關聯信用主體自身的免疫治理能力。同時，關聯信用主體間的資產關聯關係也會影響免疫的效果。

進一步，用 $R(\infty)$ 表示關聯信用主體網路處於穩定狀態時的關聯信用風險傳染效應。當 $\gamma < \gamma_c$ 時，由於網路中不存在關聯信用風險的傳染，故 $R(\infty)=0$；當 $\gamma \geq \gamma_c$ 時，由式（7-8）和式（7-11）知：

$$R(\infty) = 1 - (1-\alpha\beta)\exp(-\gamma\eta\langle k\rangle R(\infty)) - \alpha\beta\exp$$

$$(-\sigma\gamma\eta\langle k\rangle R(\infty)) \tag{7-16}$$

在忽略高階項的情況下，利用泰勒展開式化簡式（7-16）可得：

$$R(\infty) \approx [1-\alpha\beta(1-\sigma)]\gamma\eta\langle k\rangle R(\infty) - \frac{1}{2}(1-\alpha\beta+\alpha\beta\sigma^2)$$
$$[\gamma\eta\langle k\rangle R(\infty)]^2 \tag{7-17}$$

由式（7-17）可知：

$$R(\infty) = \frac{2[1-\alpha\beta(1-\sigma)]\gamma\eta\langle k\rangle - 2}{[1-\alpha\beta(1-\sigma^2)]\gamma^2\eta^2\langle k\rangle^2} \tag{7-18}$$

從式（7-18）可以發現，關聯信用風險的傳染效應達到穩定狀態後，「移出」狀態的關聯信用主體密度為初始「擬免疫」關聯信用主體的密度 α、免疫成功率 β、免疫失效率 σ、關聯信用風險傳染率 γ，以及關聯信用主體的資產關聯比 η 的函數。因此，在給定關聯信用風險傳染率、初始「擬免疫」關聯信用主體密度和關聯信用主體資產關聯比的情況下，免疫失敗和免疫失效同時存在將影響關聯信用主體網路中關聯信用風險的傳染過程，從而比不考慮兩者的存在時的免疫效果低，以至於減弱了關聯信用風險傳染的延遲效應。同時，在關聯信用主體網路中，一旦關聯信用風險出現傳染性，考慮資產關聯比存在的情況下，網路中關聯信用主體被移出的數量將大大增加。總之，在關聯信用主體資產關聯比、免疫失敗和免疫失效同時存在的情況下，本模型較一般的傳染病模型更能刻畫關聯信用主體網路中關聯信用風險傳染的特性。

7.3　演化仿真及結果分析

由上節的模型分析可知，不完全免疫情景改變了關聯信用

主體網路中關聯信用風險的傳染過程及特徵。為了更直觀形象地理解結論，下面通過仿真分析關聯信用風險在基於關聯信用主體的小世界網路上的傳染特性。由於現實問題中關聯信用風險的相關數據很難獲得，無法估計模型的相關參數，本章借鑑李守偉、何建敏（2012）和李麗、周宗放（2015）中相關參數的設置方法，並依據小世界網路下傳染模型具有的性質和關聯信用主體之間資產關聯關係的特徵，對模型中的一系列參數進行以下假定。假設在關聯信用主體網路中關聯信用風險傳染的初始時刻，隨機選擇一個關聯信用主體作為「非健康」信用主體，在基於關聯信用主體的小世界網路中，設置平均關聯度$\langle k \rangle = 9$。為了深入分析關聯信用主體之間的資產關聯關係在關聯信用風險傳染時所表現的效用，本章在考慮和不考慮資產關聯（分別對應 $\eta = 0.65$ 和 $\eta = 0$）的情況下，分別對如下四種情況進行仿真分析：免疫失敗和免疫失效同時存在，即 $\beta = 0.85$，$\sigma = 0.1$；免疫失敗或者免疫失效單獨存在，即 $\beta = 0.85$，$\sigma = 0$ 或 $\beta = 1$，$\sigma = 0.1$；兩者都不存在，即 $\beta = 1$，$\sigma = 0$。

7.3.1 「移出」狀態下關聯信用主體的密度與傳染概率的關係

給定「擬免疫」關聯信用主體在信用主體網路中的密度 $\alpha = 0.7$，圖 7-1 和圖 7-2 分別描述了不考慮和考慮資產關聯時，「移出」狀態關聯信用主體的密度 R 與關聯信用風險傳染概率 γ 之間的關係。

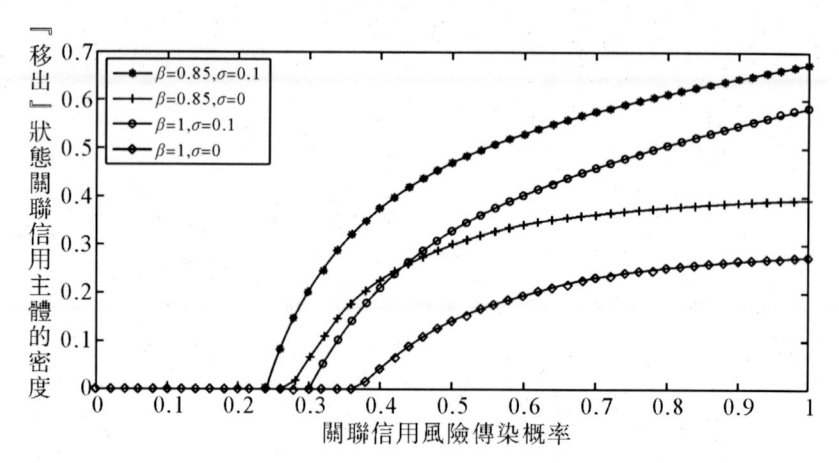

圖 7-1 不考慮資產關聯時，「移出」狀態關聯信用
主體的密度與傳染概率的關係

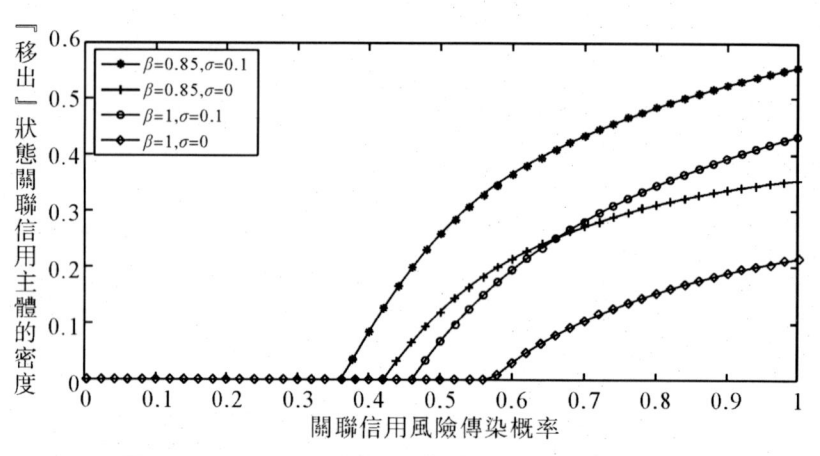

圖 7-2 考慮資產關聯時，「移出」狀態關聯信用
主體的密度與傳染概率的關係

從圖 7-1 和圖 7-2 中可以發現，當關聯信用風險的傳染概率較小時，被「移出」的關聯信用主體也較少，隨著傳染概率的增大，「移出」的關聯信用主體的數量也增大；在傳染概率最初增大時，「移出」的關聯信用主體的數量迅速增大，隨著傳染

概率的逐漸增大，移出關聯信用主體的數量趨於穩定。這表明：①在關聯信用風險傳染概率較小時，由於關聯信用主體自身具有一定免疫治理能力，因而大部分關聯信用主體不會被傳染。也就是說，關聯信用主體的免疫特性延緩了關聯信用風險的傳染。②在關聯信用風險傳染概率急遽增大時，由於關聯信用主體自身免疫治理能力的局限性，部分關聯信用主體免疫失效或者免疫失敗，從而促使「移出」的關聯信用主體也快速增多。也就是說，免疫失效和免疫失敗降低了網路中關聯信用風險傳染的延遲能力。③同時考慮免疫失敗和免疫失效與其他情況相比，關聯信用主體網路中被「移出」的關聯信用主體數量最大；而不考慮兩者的情況下，「移出」的關聯信用主體的數量最小。這說明有效的免疫能延緩關聯信用風險傳染的發生，而無效的免疫將減弱關聯信用風險傳染的延遲效應。

因此，在治理關聯信用主體間關聯信用風險的傳染時，不能忽略關聯信用主體的免疫治理的有效性。

對比圖7-1和圖7-2可以發現，考慮關聯信用主體間資產關聯的信用主體網路，在傳染概率達到0.3以上時才有較多的關聯信用主體被移出，而不考慮以上因素時的傳染概率比它要低10%左右。也就是說，存在資產關聯關係的關聯信用主體網路，更不容易產生關聯信用風險傳染的可能性。因此，在治理關聯信用主體的關聯信用風險時，要重視關聯信用主體間的資產關聯關係。同時，隨著關聯信用風險傳染概率的增大，考慮資產關聯的關聯信用主體網路中被「移出」的關聯信用主體也比較少。這是由於關聯信用主體之間通過資產關聯關係相互分擔風險，當關聯信用風險發生時，關聯信用主體之間的相互救助，以及關聯信用主體自身的免疫治理能力，使得關聯信用主體網路更能有效管理關聯信用風險，從而延緩出現關聯信用風險傳染的可能性。這表明資產關聯關係增強了網路中關聯信用

風險傳染的延遲效應。

7.3.2 「移出」狀態下關聯信用主體的密度與「擬免疫」信用主體密度的關係

給定關聯信用風險傳染概率 $\gamma=0.45$，圖 7-3 與圖 7-4 分別描述了不考慮和考慮資產關聯時，「移出」狀態關聯信用主體密度 R 與「擬免疫」關聯信用主體密度 α 的關係。由圖 7-3 和圖 7-4 可知，與單獨存在關聯信用主體治理的免疫失敗或者免疫失效的影響相比，兩者同時存在顯著增加了關聯信用主體網路中被傳染的信用主體的數量，從而降低了關聯信用主體網路中信用主體的免疫治理效果。因此，在關聯信用風險管理過程中，不能忽視關聯信用主體的免疫治理。同時，儘管關聯信用主體網路受到各種免疫結果的影響，免疫治理依然能大幅減少關聯信用主體網路中被傳染的信用主體的數量，並且減少的幅度隨著「擬免疫」關聯信用主體密度的增大而增大。由此表明，對關聯信用主體的免疫治理，有助於延緩關聯信用風險的傳染。因此，提升關聯信用主體的免疫治理能力，使其對關聯信用風險具有「擬免疫」特性，有利於增強關聯信用主體網路中關聯信用風險傳染的延遲效應。

此外，從圖 7-3 與圖 7-4 可知，隨著「擬免疫」關聯信用主體密度增大，考慮資產關聯時「移出」關聯信用主體密度較不考慮資產關聯時降低的幅度更大。也就是說，關聯信用主體網路中「擬免疫」關聯信用主體越多，關聯信用風險傳染的可能性越小；反之，關聯信用主體網路中「擬免疫」關聯信用主體越少，關聯信用風險傳染的可能性越大。這表明在考慮資產關聯的情況下，關聯信用主體網路中的關聯信用主體通過資產關聯相互連接，彼此之間的連接關係使得關聯信用主體之間能更好地協調關聯信用風險的治理效果。因此，「擬免疫」關聯信

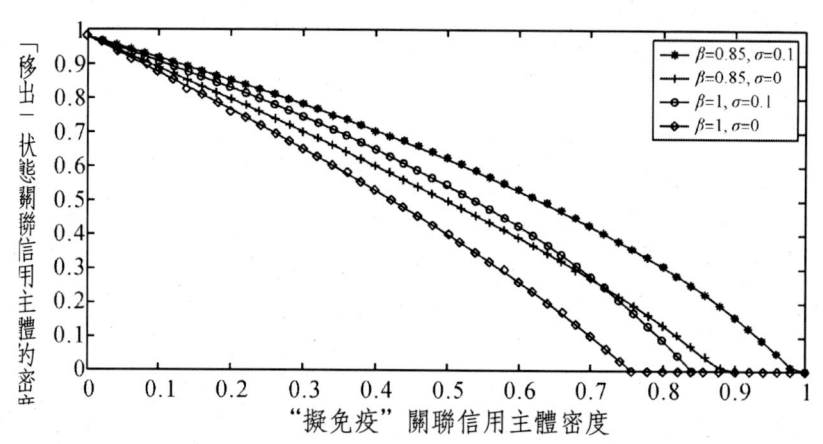

图 7-3　不考慮資產關聯時,「移出」狀態關聯信用主體的密度與「擬免疫」關聯信用主體密度的關係

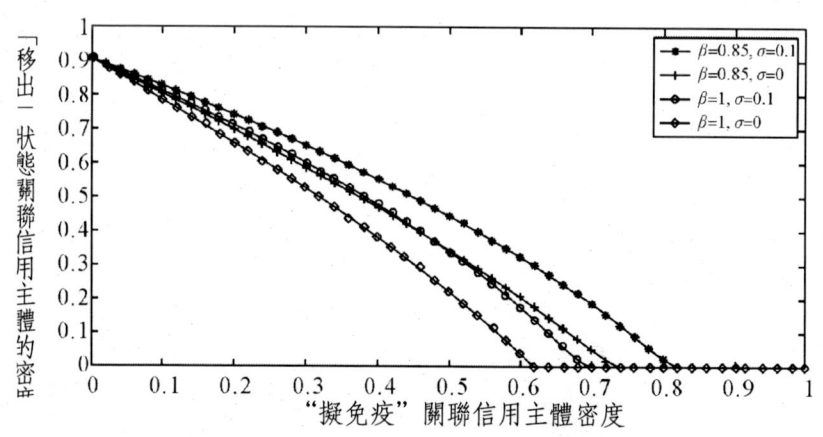

图 7-4　考慮資產關聯時,「移出」狀態關聯信用主體的密度與「擬免疫」關聯信用主體密度的關係

用主體之間的資產關聯關係將延遲關聯信用風險的傳染；反之，如果關聯信用風險得不到有效的免疫治理，「擬免疫」關聯信用主體的數量將減少，進而減弱了關聯信用風險傳染的延遲效應，使得關聯信用風險通過資產關聯渠道在關聯信用主體網路中迅

速擴散。

總而言之，資產關聯關係既可能有助於延緩關聯信用風險的傳染，也可能加大關聯信用風險的傳染效應。顯然，關聯信用主體的免疫效果也影響關聯信用風險傳染的延遲效應。

7.4　本章小結

關聯信用風險是現代信用主體信用風險管理的重要組成部分，關聯信用主體之間通過資產關聯渠道構成具有小世界特性的關聯信用主體網路。本章應用動力學平均場理論和傳染病模型，並結合複雜網路理論，構建了不完全免疫情景下關聯信用主體網路中關聯信用風險的傳染模型。研究發現，不完全免疫情景將降低關聯信用主體網路中關聯信用風險傳染的臨界概率，影響關聯信用風險的傳染過程，並減弱關聯信用主體的免疫效果，進而減弱了關聯信用風險傳染的延遲效應；隨著關聯信用主體網路中關聯信用風險的傳染效應增強，關聯信用主體倒閉的數量將增加；關聯信用主體的資產關聯關係和免疫治理，都有助於延緩關聯信用風險的傳染，但是如果不是完全有效的免疫治理，將減弱其對關聯信用風險傳染延遲效應的影響。因此，在現代信用主體關聯信用風險的免疫治理過程中，不應高估其免疫的效果，應該管理好關聯信用主體之間的關聯資產。

從前述的研究結果中可以發現，在關聯信用風險管理過程中，要實施積極有效的免疫治理措施，才能避免關聯信用風險的發生、傳染和延遲。無效的免疫治理不但浪費有限的資源，而且可能錯過治理關聯信用風險的最佳時機，給關聯信用主體帶來更大的危害。因此，管理決策者應該正確認識免疫治理的重要性，盡可能採取有效的免疫治理措施，並根據免疫治理的

效果對治理措施進行及時和必要的調整，這樣才能使免疫治理的效果最大化。

　　由於資產關聯是關聯信用主體之間常見的一種關聯方式，因此本章主要針對由資產關聯關係組成的關聯信用主體網路展開研究。為了便於分析不完全免疫情景下關聯信用風險的傳染規律，本章假設關聯信用風險在關聯信用主體網路中的傳染是均勻的。但在現實情況下，不同信用資質、不同資產規模的信用主體抵禦關聯信用風險傳染的能力不同，將導致關聯信用風險在關聯信用主體網路中的傳染過程十分複雜。這也是當前關聯信用風險研究所面臨的挑戰。

　　本章僅僅是拋磚引玉，在更一般的情景下探尋關聯信用風險在關聯信用主體網路中的傳染規律將是筆者下一步擬開展的研究工作。此外，如果能夠獲得相關的實證數據，則可以對本章提出的模型進行驗證或修正，這也是筆者今後將進一步研究的問題。總之，本章的研究不僅刻畫了關聯信用主體所面臨的關聯信用風險，而且為政府相關部門、金融機構識別和監管信用主體之間的關聯信用風險提供了新的視角。

8 研究總結與展望

8.1 研究總結

在社會經濟繁榮發展和融合的過程中，隨著信用主體之間的聯繫日趨緊密以及關聯方式的多樣化，它們所形成的關聯信用主體網路結構也趨於複雜化、異質化和多樣化。信用主體之間的資產關聯不僅帶來經濟效益，也給信用主體帶來潛在的風險。一旦某個關聯信用主體發生信用風險，信用風險將通過資產關聯渠道傳染給其他關聯信用主體，使得關聯信用風險在關聯信用主體網路內具有較強的傳染性。同時，關聯信用主體的積極治理、關聯信用主體之間的資產關聯方式以及其他諸多方面的原因致使關聯信用風險的傳染具有延遲特性。因此，在關聯信用主體網路中，關聯信用風險傳染的延遲效應是關聯信用風險傳染的重要特性。

本書在分析關聯信用風險主要特性的基礎上，利用複雜網路理論和傳染病模型，通過公式推導以及模擬仿真分析，從資產關聯視角深入研究關聯信用主體網路中關聯信用風險傳染的延遲效應。

8.1.1 關聯信用風險的主要特性

關聯方式是關聯信用主體構成利益共同體的基石，也是關聯信用風險傳染的渠道。本書在分析關聯信用主體之間存在各種關聯方式的基礎上，提出了關聯信用風險的一般概念，並從關聯信用主體之間的關聯特性、信用質量、信息不對稱等具體的幾個方面深入分析關聯信用風險產生的原因。由於關聯信用主體關聯結構的複雜化、網路化等特性，本書研究了複雜網路結構下的關聯信用風險，以及關聯信用風險的傳染效應、延遲效應和免疫等特性，並深入分析了它們的影響因素和內涵。這部分工作為後續研究關聯信用風險傳染延遲效應的規律奠定了基礎。

8.1.2 基於小世界網路和無標度網路的關聯信用風險傳染延遲效應

在關聯信用主體通過資產關聯方式構成的不同的網路結構中，關聯信用傳染的延遲效應表現出不同的規律。大量的實證研究表明，關聯信用主體通過資產關聯方式構成的複雜網路具有小世界特徵。因此，本書提出了「基於關聯信用主體的小世界網路結構」的概念。在該網路結構下，假定關聯信用主體只能處於「健康」和「非健康」兩種狀態之一。在此基礎上，運用複雜網路的平均場理論並結合傳染病 SIS 模型，構建關聯信用風險傳染的動力學方程，通過分析關聯信用風險的傳染概率、「非健康」信用主體的密度以及關聯信用風險的傳染延遲時間之間的關係，探討了關聯信用傳染延遲的規律。研究發現，關聯信用風險傳染的強度與以下三個方面相關：一是關聯信用主體之間通過資產關聯關係直接連接的信用主體數量；二是關聯信用風險的傳染延遲時間；三是關聯信用主體的資產關聯比。同

時，研究表明，關聯信用主體之間的資產關聯關係雖然有助於相互分擔風險，延緩關聯信用風險傳染的速度，但也加深了關聯信用風險傳染的深度。

大量的實證研究表明，關聯信用主體通過資產關聯方式形成的複雜網路大多也具有無標度網路的特徵。因此，本書提出了「基於關聯信用主體的無標度網路結構」的概念。在此網路結構下，利用無標度網路的特徵和傳染病模型，構建了關聯信用風險傳染的 D-SIS 模型，並基於該模型分析了關聯信用風險傳染概率的臨界值和「非健康」關聯信用主體的密度。此外，本書針對關聯信用風險傳染的延遲問題，結合 BA 網路特徵研究了關聯信用風險傳染的延遲效應。結果表明，關聯信用主體的直接關聯資產比和關聯數量，以及關聯信用風險的傳染延遲影響關聯信用風險的傳染強度；傳染概率比傳染延遲對關聯信用主體網路的穩定性帶來的危害更大。

上述研究分別在小世界網路和無標度網路的框架下，探討分析了關聯信用風險傳染的延遲效應。研究表明，關聯信用主體的數量、關聯信用風險的傳染延遲和關聯信用主體的直接關聯資產比都影響關聯信用風險的傳染效應。其不同之處在於，在小世界網路結構框架下，關聯信用主體的關聯度和資產關聯具有同質性；而在無標度網路結構下，關聯信用主體的關聯度和資產關聯具有異質性。

8.1.3　不完全免疫情景下的關聯信用風險傳染延遲效應

在關聯信用主體受到關聯信用風險威脅時，關聯信用主體通過免疫治理機制可能避免感染上關聯信用風險。但是，現實中對關聯信用主體的免疫治理並不一定完全有效，此時關聯信用風險傳染則表現出不同的規律。本書假設關聯信用主體網路中的每個關聯信用主體只能處於「健康」「非健康」「移出」

「擬免疫」四種狀態之一，利用傳染病模型，並結合小世界網路的特徵，構建了基於不完全免疫情景下的關聯信用風險傳染模型，研究了關聯信用風險傳染概率與不完全免疫和資產關聯的關係，進而分析了不完全免疫對關聯信用風險傳染延遲的影響。通過公式推導和模擬仿真分析發現：一是在免疫失效和免疫失敗共存的情景下，關聯信用主體網路中關聯信用風險傳染的臨界值將降低，從而增大了關聯信用風險傳染的可能性；二是資產關聯關係將影響關聯信用風險的傳染過程和免疫效應；三是資產關聯關係和有效免疫都有助於延緩關聯信用風險的傳染，但是如果關聯信用風險傳染強度突破某個臨界值，它們反而會增強關聯信用風險的傳染性。

綜上所述，關聯信用風險是現代信用風險管理所關注的重要問題。本書是在關聯信用主體通過資產關聯關係構成複雜網路的框架下，探討關聯信用風險傳染延遲的規律。本書的研究一方面解釋了現實經濟中的一些具體經濟現象；另一面對預防和控製關聯信用主體網路中關聯信用風險的傳染，促進整個關聯信用主體網路的健康發展和維護整個社會經濟的穩定均具有重要的學術研究價值和現實意義。

8.2　研究的不足與展望

在現實經濟中，關聯信用主體之間的關聯關係的多樣化、關聯信用主體網路結構的複雜化，以及關聯信用主體的異質化和行為的複雜性，使得關聯信用風險傳染更加複雜多變。然而，本書對關聯信用風險傳染延遲的研究只處於起步階段，尚存在諸多局限性。現針對本書的研究不足之處以及未來研究的展望總結如下：

由於資產關聯是信用主體之間比較常見的典型關聯方式，並且易於刻畫，因而本書僅研究了資產關聯方式下關聯信用風險傳染的延遲效應。但是關聯信用主體之間的關聯方式具有多樣性，在不同的關聯關係的情況下，關聯信用風險傳染將展現出不同的規律。交易關聯、人際關聯等其他關聯方式，以及債務、股權等具體形式的資產關聯方式下關聯信用風險傳染所具有的規律是後續一項重要研究工作。

　　在內外部環境對關聯信用主體的衝擊，以及關聯信用主體的各種行為的影響下，諸多因素都對關聯信用風險產生影響，使得關聯信用風險傳染展現出延遲、突變、協同等多種效應，而本書只在關聯信用主體的複雜網路結構的框架下，研究了關聯信用風險傳染的延遲效應。關聯信用風險傳染的其他特性，以及關聯信用風險的識別與評估方法等，將是筆者後續另一項研究工作。

　　關聯信用主體通過關聯方式可以形成多種形式的關聯信用主體網路結構。在不同的網路結構下，關聯信用風險傳染將呈現不同的規律。由於關聯信用主體網路具有小世界網路和無標度網路的特性，並且小世界網路和無標度網路具有較好的數學性質，因而本書只在小世界網路和無標度網路的框架下進行了研究。其他網路結構的情況以及在不同網路結構下比較分析關聯信用風險傳染的規律，也是筆者將來進一步改進的研究方向。

　　由於關聯信用主體通過關聯關係形成了一個多樣化、多目標、網路化、複雜化的動態系統，因而本書在研究多個關聯信用主體間關聯信用風險傳染的延遲效應時，做了一些必要簡化和假設。比如，在關聯信用主體網路中，對關聯信用主體所處的狀態進行了簡單劃分，對關聯信用主體的關聯資產同質化和異質化進行了區分，等等。進一步放鬆這些假定條件，利用不同的模型深入探討關聯信用風險的規律將是筆者後續可做的

研究。

　　由於關聯信用風險相關數據的匱乏，本書的研究主要通過理論推導和模擬仿真探討關聯信用風險傳染的延遲效應。如果能收集到關聯信用風險的真實數據，可以做進一步實證分析或對模型進行修正。這也是本書未來的一個研究方向。

　　本書從免疫視角簡單探討了關聯信用風險傳染的延遲性，但本研究只是初步嘗試性的，而關聯信用主體的免疫相當複雜，需要更深入研究。進一步詳細研究關聯信用主體的免疫治理機制與關聯信用風險傳染規律之間的關係，將是以後另一個重要的研究方向。

　　本書在關聯信用主體網路的框架下，僅結合傳染病學中的 SIS、SIR 等模型，探討了關聯信用風險傳染的延遲問題，而複雜網路理論與流行病學理論相結合併應用於探討經濟管理問題，是現代複雜系統理論應用中的又一新的研究方向。因此，利用該理論研究信用風險傳染機理仍有很大的探索空間。

　　總之，關聯信用主體之間關聯關係的多樣化和複雜化，使關聯信用風險傳染問題的研究成為一項非常具有挑戰性的工作。本書通過構建模型、理論推導和模擬仿真，對關聯信用風險傳染延遲效應做了一些探索性研究，為關聯信用風險管理提供了新的思路。為了更好地認識和掌握關聯信用風險的規律，各界需要不斷發展和探尋新模型和新技術，才能有效規避風險，實現積極的關聯信用風險管理，促進關聯信用主體穩定發展。

參考文獻

［1］中國人民銀行徵信中心. 徵信系統建設運行報告(2004—2014)［R/OL］.［2015-08-05］. http://www.pbccrc.org.cn/zxzx/zxzs/201508/f4e2403544c942cf99d3c71d3b559236.shtml.

［2］Allen F, Gale D. Optimal financial crises［J］. The Journal of Finance, 1998, 53（4）: 1245-1284.

［3］劉宗華, 汪秉宏. 複雜系統與複雜網路［M］. 北京: 高等教育出版社, 2009.

［4］汪小帆, 李翔, 陳關榮. 複雜網路理論及其應用［M］. 北京: 清華大學出版社, 2006.

［5］Schweitzer F, Fagiolo G, Sornette D, et al. Economic networks: The new challenges［J］. Science, 2009, 325（5939）: 422-425.

［6］Allen F, Gale D. Financial contagion［J］. Journal of political economy, 2000, 108（1）: 1-33.

［7］Altman E I. Financial Ratios Discriminant Analysis and the Prediction of Corporate Bankruptcy［J］. Journal of Finance, 1968, 23（4）: 589-609.

［8］Altman E I, Haldeman R G, Narayanan P. ZETA TM analysis a new model to identify bankruptcy risk of corporations［J］. Journal of Banking & Finance, 1977, 1（1）: 29-54.

[9] Freed N, Glover F. Simple but powerful goal programming models for discriminant problems [J]. European Journal of Operational Research, 1981, 7 (1): 44-60.

[10] Black F, Scholes M. The pricing of options and corporate liabilities [J]. The Journal of Political Economy, 1973 (5): 637-654.

[11] Merton R C. On the pricing of corporate debt: The risk structure of interest rates [J]. The Journal of Finance, 1974, 29 (2): 449-470.

[12] Jarrow R A, Turnbull S M. Pricing derivatives on financial securities subject to credit risk [J]. The Journal of Finance, 1995, 50 (1): 53-85.

[13] Giesecke K. Default and Information [J]. Journal of Economic Dynamics and Control, 2006, 30: 2281-2303.

[14] Erdös P, Rényi A. On the evolution of random graphs [J]. Publications of the Mathematical Institute of the Hungarian Academy of Science, 1960, 5: 17-61.

[15] Watts D J, Strogatz S H. Collective Dynamic of Small World Network [J]. Nature, 1998, 393 (6684): 440-442.

[16] Barabási A L, Albert R. Emergence of scaling in random networks [J]. Science, 1999, 286 (5439): 509-512.

[17] Milgram S. The small world problem [J]. Psychology today, 1967, 2 (1): 60-67.

[18] Newman M E J, Watts D J. Renormalization group analysis of the small-world network model [J]. Physics Letters A, 1999, 263 (4): 341-346.

[19] Barabási A L, Albert R, Jeong H. Mean-field theory for scale-free random networks [J]. Physica A: Statistical Mechanics and its Applications, 1999, 272 (1): 173-187.

[20] Dorogovtsev S N, Mendes J F F, Samukhin A N. Structure of growth networks with preferential linking [J]. Physical Review Letters, 2000 (85): 4633-4636.

[21] Shi D, Chen Q, Liu L. Markov chain-based numerical method for degree distributions of growing networks [J]. Physical Review E, 2005, 71 (3): 036140.

[22] Hethcote H W. The mathematics of infectious diseases [J]. SIAM Review, 2000, 42 (4): 599-653.

[23] Bailey N T J. The mathematical theory of infectious diseases and its applications [M]. New York: Hafner Press, 1975.

[24] Pastor-Satorras R, Vespignani A. Epidemicspreading in scale-free networks [J]. Pysical Review Letters, 2001, 86: 3200-3203.

[25] Houlihan J, Goulding D, Busch T, et al. Experimental investigation of a bistable system in the presence of noise and delay [J]. Physical Review Letters, 2004, 92 (5): 1-4.

[26] Budini A A, Cáceres M O. Functional characterization of linear delay Langevin equations [J]. Physical Review E, 2004, 70 (4): 1-12.

[27] Iansiti M, Levien R. Strategy as ecology [J]. Harvard Business Review, 2004, 82 (3): 68-81.

[28] Dasgupta D. Immunity-based intrusion detection system: a general framework [C] //Proc. of the 22nd NISSC. 1999, 1: 147-160.

[29] Gutnikov S, Melnikov Y. A simple non-linear model of immune response [J]. Chaos, Solitons & Fractals, 2003, 16 (1): 125-132.

[30] Anderson R, May R. Infectious Diseases in Humans [M]. NewYork: Oxford University Press, 1992.

[31] Pastor-Satorras R, Vespignani A. Immunization of complex networks [J]. Physical Review E, 2002, 65 (3): 104-106.

[32] Fitzpatrick P J. A comparison of the ratios of successful industrial enterprises with those of failed companies [M]. Accountants Publishing Company, 1932.

[33] Beaver W H. Financial ratios as predictors of failure [J]. Journal of Accounting Research, 1966 (2): 71-111.

[34] Meyer P A, Pifer H W. Prediction of bank failures [J]. The Journal of Finance, 1970, 25 (4): 853-868.

[35] Deakin E B. A discriminant analysis of predictors of business failure [J]. Journal of Accounting Research, 1972, 10 (1): 167-179.

[36] 張玲. 財務危機預警分析判別模型 [J]. 數量經濟技術經濟研究, 2000 (3): 49-51.

[37] Sanvicente A Z, Bader F L C. Filing for financial reorganization in Brazil: event prediction with accounting and financial variables and the information content of the filing announcement [C] // Instituto Brasileiro de Mercado de Capitais. São Paulo: Working Paper, 1996.

[38] Ohlson J A. Financial ratios and the probabilistic prediction of bankruptcy [J]. Journal of Accounting Research, 1980 (5): 109-131.

[39] Barth J R, Brumbaugh R D, Sauethaft D. Thrift Institution Failures: Estimating the Regulator's Closure Rule [J]. Research in Financial Services, 1989 (1): 125-136.

[40] West R C. A factor-analytic approach to bank condition [J]. Journal of Banking & Finance, 1985, 9 (2): 253-266.

[41] 吴世農, 盧賢義. 中國上市公司財務困境的預測模型

研究 [J]. 經濟研究, 2001 (6): 46-55.

[42] Altman E I, Marco G, Varetto F. Corporate distress diagnosis: Comparisons using linear discriminant analysis and neural networks (the Italian experience) [J]. Journal of Banking & Finance, 1994, 18 (3): 505-529.

[43] Varetto F. Genetic algorithms applications in the analysis of insolvency risk [J]. Journal of Banking & Finance, 1998, 22 (10): 1421-1439.

[44] Lundy M. Cluster Analysis in Credit Scoring and Credit Control [M]. New York: Oxford University Press, 1993.

[45] Dimitras A I, Zanakis S H, Zopounidis C. A survey of business failures with an emphasis on prediction methods and industrial applications [J]. European Journal of Operational Research, 1996, 90 (3): 487-513.

[46] Yu L A, Wang S Y, et al. A modified least squares support vector machine classifier with application to credit risk analysis [J]. International Journal of Information Technology and Decision Making, 2009, 8 (4): 697- 710.

[47] Delianedis G, Geske R L. Credit risk and risk neutral default probabilities: Information about rating migrations and defaults [C/OL] //EFA 2003 annual conference paper No. 962. [2003-07-28]. http: //ssrn. com/abstract=424301.

[48] Black F, Cox J C. Valuing corporate securities: Some effects of bond indenture provisions [J]. The Journal of Finance, 1976, 31 (2): 351-367.

[49] Leland H E. Corporate debt value, bond covenants, and optimal capital structure [J]. The Journal of Finance, 1994, 49 (4): 1213-1252.

[50] Longstaff F, Schwartz E. Valuing risky debt: A new approach [J]. Journal of Finance, 1995, 50 (3): 789-819.

[51] Mella-Barral P. The dynamics of default and debt reorganization [J]. Review of Financial Studies, 1999, 12 (3): 535-578.

[52] Duffie D. Special repo rates [J]. The Journal of Finance, 1996, 51 (2): 493-526.

[53] Jarrow R A, Lando D, Turnbull S M. A Markov model for the term structure of credit risk spreads [J]. Review of Financial Studies, 1997, 10 (2): 481-523.

[54] Lando D. On Cox processes and credit risky securities [J]. Review of Derivatives Research, 1998, 2 (2-3): 99-120.

[55] Duffie D, Saita L, Wang K. Multi-period corporate default prediction with stochastic covariates [J]. Journal of Financial Economics, 2007, 83 (3): 635-665.

[56] Duffie D, Lando D. Term structures of credit spreads with incomplete accounting information [J]. Econometrica, 2001, 69 (3): 633-664.

[57] Giesecke K. Correlated default with incomplete information [J]. Journal of Banking & Finance, 2004, 28 (7): 1521-1545.

[58] Benos A, Papanastasopoulos G. Extending the Merton model: A hybrid approach to assessing credit quality [J]. Mathematical and Computer Modelling, 2007, 46 (1): 47-68.

[59] Guo X, Jarrow R A, Zeng Y. Credit risk models with incomplete information [J]. Mathematics of Operations Research, 2009, 34 (2): 320-332.

[60] Çetin U. On absolutely continuous compensators and nonlinear filtering equations in default risk models [J]. Stochastic Processes and Their Applications, 2012, 122 (11): 3619-3647.

[61] Hainaut D, Robert C Y. Credit risk valuation with rating transitions and partial information [J]. International Journal of Theoretical and Applied Finance, 2014, 17 (07): 1450046.

[62] Jiao Y, Kharroubi I, Pham H. Optimal investment under multiple defaults risk: a BSDE-decomposition approach [J]. The Annals of Applied Probability, 2013, 23 (2): 455-491.

[63] 陳曉紅, 王小丁, 曾江洪. 債權治理機制、企業特徵與成長性——來自中國中小上市公司的經驗證據 [J]. 管理工程學報, 2008, 22 (4): 19-24.

[64] 董乃全. 上市公司信用風險度量模型的實證比較研究 [J]. 管理評論, 2010, 22 (1): 22-28.

[65] 唐齊鳴, 黃苒. 中國上市公司違約風險的測度與分析——跳-擴散模型的應用 [J]. 數量經濟技術經濟研究, 2010 (10): 101-115.

[66] 陳榮達, 陸金榮. 可違約零息債券風險綜合度量 Monte Carlo 方法 [J]. 管理科學學報, 2012, 15 (4): 88-98.

[67] 韓立媛, 古志輝, 丁小培. 變方差條件下的信用風險度量 [J]. 系統工程學報, 2012, 27 (5): 633-640.

[68] 楊星, 胡國強. 交易對手信用違約事件與信用違約互換公允價值 [J]. 系統工程理論與實踐, 2013, 33 (6): 1389-1394.

[69] 周宏, 李國平, 林晚發, 等. 企業債券信用風險定價模型評析與進展 [J]. 管理科學學報, 2015, 18 (8): 21-30.

[70] Hull J, White A. The impact of default risk on the prices of options and other derivative securities [J]. Journal of Banking & Finance, 1995, 19 (2): 299-322.

[71] Zhou C. An analysis of default correlations and multiple defaults [J]. Review of Financial Studies, 2001, 14 (2): 555-576.

[72] Forbes K, Rigobon R. International financial contagion [M]. Springer Science & Business Media, 2001.

[73] Pelletier D. Regime switching for dynamic correlations [J]. Journal of Econometrics, 2006, 131 (1): 445-473.

[74] 張洪祥, 毛志忠. 基於多維時間序列的灰色模糊信用評價研究 [J]. 管理科學學報, 2011, 14 (1): 28-37.

[75] Jondeau E, Poon S H, Rockinger M. Financial modeling under non-Gaussian distributions [M]. Springer Science & Business Media, 2007.

[76] Sklar A. Fonction de répartiton à dimensions et leurs marges [M]. Université Paris, 1959.

[77] Nelsen R B. An Introduction to Copulas [M]. 2nd ed. NewYork: Springer, 2006.

[78] Cherubini U, Luciano E, Vecchiato W. Copula Methods in Finance [M]. New York: John Wiley & Sons, 2004.

[79] Patton A J. Handbook of financial time series [M]. Berlin: Springer, 2009.

[80] Genest C, Gendron M, Bourdeau-Brien M. The advent of copulas in finance [J]. The European Journal of Finance, 2009, 15 (7-8): 609-618.

[81] Kolev N, Paiva D. Copula-based regression models: A survey [J]. Journal of Statistical Planning and Inference, 2009, 139 (11): 3847-3856.

[82] Patton A J. A review of copula models for economic time series [J]. Journal of Multivariate Analysis, 2012, 110 (5): 4-18.

[83] 吳慶曉, 劉海龍. 基於Copula模型的風險相關性度量方法 [J]. 系統管理學報, 2011, 20 (6): 752-761.

[84] 張堯庭. 我們應該選用什麼樣的相關性指標?[J]. 統計研究, 2002 (9): 41-44.

[85] Kole E, Koedijk K, Verbeek M. Selecting copulas for risk management [J]. Journal of Banking & Finance, 2007 (31): 2405-2423.

[86] Aloui R, Aïssa M S B, Nguyen D K. Conditional dependence structure between oil prices and exchange rates: a copula-GARCH approach [J]. Journal of International Money and Finance, 2013, 32: 719-738.

[87] 傅強, 邢琳琳. 基於極值理論和 Copula 函數的條件 VaR 計算 [J]. 系統工程學報, 2009, 4 (5): 531-537.

[88] Mikosch T. Copulas: Tales and facts [J]. Extremes, 2006, 9 (1): 3-20.

[89] Embrechts P. Copulas: A personal view [J]. Journal of Risk and Insurance, 2009, 76 (3): 639-650.

[90] Huard D, Evin G, Favre A C. Bayesian copula selection [J]. Computational Statistics & Data Analysis, 2006, 51 (2): 809-822.

[91] Genest C, Rémillard B, Beaudoin D. Goodness-of-fit tests for copulas: review and a power study [J]. Insurance: Mathematics and Economics, 2009, 44 (2): 199-213.

[92] 王宗潤, 汪武超, 王小丁, 等. 基於條件概率積分變換的多元 Copula 函數選擇 [J]. 管理工程學報, 2012, 26 (3): 102-108.

[93] Aas K, Czado C, Frigessi A, et al. Pair-copula constructions of multiple dependence [J]. Insurance: Mathematics and Economics, 2009, 44 (2): 182-198.

[94] Li D X. On default correlation: A copula function approach [J]. Journal of Fixed Income, 2000 (9): 43-54.

[95] Schönbucher P J, Schubert D. Copula-dependent default risk in intensity models [C] //Working paper, Department of Statistics, Bonn University, 2001.

[96] Frey R, McNeil A J, Nyfeler M. Copulas and credit models [J]. Risk, 2001, 14 (10): 111-114.

[97] Mashal R, Naldl M. Extreme events and default baskets [J]. Risk-London-Risk Magazine Limited, 2002, 15 (6): 119-124.

[98] Gagliardini P, Gouriéroux C. Migration correlation: Definition and efficient estimation [J]. Journal of Banking & Finance, 2005, 29 (4): 865-894.

[99] 張根明, 陳曉紅. 相依違約的違約風險度量研究及其在上市公司中的應用 [J]. 系統工程, 2008, 26 (5): 61-67.

[100] 陳正聲, 秦學志, 王玥. 扭曲 Copula 函數在 BDS 定價及其敏感度分析中的應用 [J]. 系統管理學報, 2010, 19 (3): 345-350.

[101] 尹群耀, 陳庭強, 何建敏, 等. 基於濾子理論的信用風險傳染模型 [J]. 系統工程, 2012, 30 (12): 19-25.

[102] 羅長青, 歐陽資生. 基於藤結構 Copula 的多元信用風險相關性度量模型及其比較 [J]. 財務理論與實踐, 2012, 33 (180): 13-16.

[103] 卞世博, 劉海龍. 違約相關性下包含信用債券的最優投資組合 [J], 系統工程理論與實踐, 2013, 33 (3): 569-576.

[104] Koopman S J, Lucas A, Monteiro A. The multi-state latent factor intensity model for credit rating transitions [J]. Journal of Econometrics, 2008, 142 (1): 399-424.

[105] Duffie D, Eckner A, Horel G, Saita L. Frailty correlated default [J]. The Journal of Finance, 2009, 64 (5): 2089-2123.

[106] Lando D, Nielsen M S. Correlation in corporate defaults:

Contagion or conditional independence? [J]. Journal of Financial Intermediation, 2010, 19 (3): 355-372.

[107] Collin-Dufresne P, Goldstein R S, Helwege J. Is credit event risk priced? Modeling contagion via the updating of beliefs [R]. National Bureau of Economic Research, 2010.

[108] Azizpour S, Giesecke K, Schwenkler G. Exploring the sources of default clustering [J]. Journal of Financial Economics, 2017 (3): 72-92.

[109] 陳正聲, 秦學志. 考慮交易對手風險的衍生產品定價方法 [J]. 系統管理學報, 2011, 20 (2): 151-10.

[110] 李平, 曲博, 黃光東. 基於 Fréchet Copula 的歐式脆弱期權定價 [J]. 管理科學學報, 2012, 15 (4): 23-30.

[111] Gordy M B. A risk-factor model foundation for ratings-based bank capital rules [J]. Journal of Financial Intermediation, 2003, 12 (3): 199-232.

[112] Neu P, Kühn R. Credit risk enhancement in a network of interdependent firms [J]. Physica A: Statistical Mechanics and its Applications, 2004, 342 (3): 639-655.

[113] 劉堃, 巴曙松, 任亮. 中國信用風險預警模型及實證研究——基於企業關聯關係和信貸行為的視角 [J]. 財經研究, 2009, 35 (7): 13-27.

[114] Lang L H P, Stulz R M. Contagion and competitive intra-industry effects of bankruptcy announcements: An empirical analysis [J]. Journal of Financial Economics, 1992, 32 (1): 45-60.

[115] Davis M, Lo V. Modelling default correlation in bond portfolios [J]. Mastering Risk, 2001, 2 (1): 141-151.

[116] Kiyotaki N, Moore J. Credit chains [J]. Journal of Political Economy, 1997, 105 (21): 211-248.

[117] Jarrow R A, Yu F. Counterparty risk and the pricing of defaultable securities [J]. the Journal of Finance, 2001, 56 (5): 1765-1799.

[118] Allen F, Carletti E. Credit risk transfer and contagion [J]. Journal of Monetary Economics, 2006, 53 (1): 89-111.

[119] Schönbucher P. Information - driven default contagion [R]. Working Paper, Department of Mathematics, ETH Zurich, 2003.

[120] Giesecke K, Weber S. Cyclical correlations, credit contagion, and portfolio losses [J]. Journal of Banking & Finance, 2004, 28 (12): 3009-3036.

[121] Hull J C, White A. Valuing credit default swaps I: No counterparty default risk [J]. Journal of Derivatives, 2000, 8 (1): 29-40.

[122] Yu F. Default correlation in reduced-form models [J]. Journal of Management, 2003 (3): 33-42.

[123] Jarrow R A, Lando D, Yu F. Default risk and diversification: Theory and empirical implications [J]. Mathematical Finance, 2005, 15 (1): 1-26.

[124] Giesecke K, Weber S. Credit contagion and aggregate losses [J]. Journal of Economic Dynamics and Control, 2006, 30 (5): 741-767.

[125] Jorion P, Zhang G. Good and bad credit contagion: Evidence from credit default swaps [J]. Journal of Financial Economics, 2007, 84 (3): 860-883.

[126] Martin D, Marrison C. Credit risk contagion [J]. Risk-London-Risk Magazine Limited, 2007, 20 (4): 90.

[127] Egloff D, Leippold M, Vanini P. A simple model of credit contagion [J]. Journal of Banking & Finance, 2007, 31 (8):

2475-2492.

[128] Hatchett J P L, Kuehn R. Credit contagion and credit risk [J]. Quantitative Finance, 2009, 9 (4): 373-382.

[129] Kchia Y, Larsson M. Credit contagion and risk management with multiple non-ordered defaults [R/OL]. [2011-06-21]. http://arxiv.org/abs/1104.5272v3.

[130] Gefang D, Koop G, Potter S M. Understanding liquidity and credit risks in the financial crisis [J]. Journal of Empirical Finance, 2011, 18 (5): 903-914.

[131] 王倩, Hartmannwendels T. 信用違約風險傳染建模 [J]. 金融研究, 2008 (10): 162-173.

[132] 陳林, 周宗放. 基於股權比重的企業集團內母子公司之間信用風險傳遞研究 [J]. 管理工程學報, 2009, 23 (3): 80-84.

[133] 鄭玉華, 張滌新. 貸款組合中違約傳染的 ACD 模型 [J]. 中國科學技術大學學報, 2009, 39 (12): 1272-1276.

[134] 熊正德, 冷梅. KMV 和 Apriori 算法在上市公司信用風險傳染中的應用 [J]. 湖南大學學報 (社會科學版), 2010, 24 (3): 58-61.

[135] 王安嬌, 吳彥瑾, 葉中行. 3 個公司雙曲衰減違約傳染模型下信用違約互換定價 [J]. 上海交通大學學報, 2011, 45 (12): 1852-1856.

[136] 張蘇江, 陳庭強. 對數 Gauss 衰減的信用風險傳染模型與 CDO 定價研究 [J]. 北京理工大學學報 (社會科學版), 2014, 16 (3): 83-88.

[137] 王貞潔, 王竹泉. 經濟危機、信用風險傳染與營運資金融資結構——基於外向型電子信息產業上市公司的實證研究 [J]. 中國工業經濟, 2013 (11): 122-134.

[138] 尹群耀, 陳庭強, 何建敏, 等. 基於濾子理論的信用風險傳染模型 [J]. 系統工程, 2012, 30 (12): 19-25.

[139] 趙微, 劉玉濤, 周勇. 金融風險中違約傳染效應的研究 [J]. 數理統計與管理, 2014, 33 (6): 983-990.

[140] 單汨源, 陳立立, 張人龍. 基於 KMV 和關聯規則算法的行業供應鏈信用風險傳染研究 [J]. 科技管理研究, 2015 (13): 211-217.

[141] 任碧雲, 武毅. 中國資本市場信用風險傳染機制分析 [J]. 山西大學學報 (哲學社會科學版), 2015, 38 (5): 82-88.

[142] Wilhite A. Bilateral trade and small–world networks [J]. Computational Economics, 2001, 18 (1): 49-64.

[143] Serrano M Á, Boguñá M. Topology of the world trade web [J]. Physical Review E, 2003, 68 (1): 23-27.

[144] Li X, Jin Y Y, Chen G. Complexity and synchronization of the world trade web [J]. Physica A: Statistical Mechanics and its Applications, 2003, 328 (1): 287-296.

[145] 段文奇, 劉寶全, 季建華. 國際貿易網路拓撲結構的演化 [J]. 系統工程理論與實踐, 2008 (10): 71-75.

[146] 安海忠, 陳玉蓉, 方偉, 等. 國際石油貿易網路的演化規律研究: 基於複雜網路理論 [J]. 數學的實踐與認識, 2013, 43 (22): 57-64.

[147] Cassar A, Duffy N. Contagion of Financial Crises un-der Local and Global Networks [C] //Agent-Based Methods in Economics and Finance. New York: Springer, 2002: 111-131.

[148] Nier E, Yang J, Yorulmazer T, et al. Network models and financial stability [J]. Journal of Economic Dynamics and Control, 2007, 31 (6): 2033-2060.

[149] 萬陽松, 陳忠, 陳曉榮. 複雜銀行網路的宏觀結構模

型及其分析 [J]. 上海交通大學學報, 2007, 41 (7): 1161-1164.

[150] 陳冀, 陳典發, 宋敏. 複雜網路結構下異質性銀行系統穩定性研究 [J]. 系統工程學報, 2014, 29 (2): 171-181.

[151] Boss M, Elsinger H, Summer M, et al. Network topology of the interbank market [J]. Quantitative Finance, 2004, 4 (6): 677-684.

[152] Bech M L, Atalay E. The topology of the federal funds market [J]. Physica A: Statistical Mechanics and its Applications, 2010, 389 (22): 5223-5246.

[153] Souma W, Fujiwara Y, Aoyama H. Complex networks and economics [J]. Physica A: Statistical Mechanics and its Applications, 2003, 324 (1): 396-401.

[154] Inaoka H, Takayasu H, Shimizu T, et al. Self-similarity of banking network [J]. Physica A: Statistical Mechanics and its Applications, 2004, 339 (3): 621-634.

[155] Soramäki K, Bech M L, Arnold J, et al. The topology of interbank paymentflows [J]. Physica A: Statistical Mechanics and its Applications, 2007, 379 (1): 317-333.

[156] Cont R, Moussa A, Santos E B E. Network structure and systemic risk in banking systems [J]. Social Science Electronic Publishing, 2013.

[157] Moussa A. Contagion and systemic risk in financial networks [D]. New York: Columbia University, 2011.

[158] Iori G, Reno R, De Masi G, et al. Trading strategies in the Italian interbank market [J]. Physica A: Statistical Mechanics and its Applications, 2007 (376): 467-479.

[159] Cajueiro D O, Tabak B M. The role of banks in the Bra-

zilian Interbank Market: Does bank type matter? [J]. Physica A: Statistical Mechanics and its Applications, 2008, 387 (27): 6825-6836.

[160] Tabak B M, Cajueiro D O, Serra T R. Topological properties of bank networks: the case of Brazil [J]. International Journal of Modern Physics C, 2009, 20 (8): 1121-1143.

[161] Iori G, De Masi G, Precup O V, et al. A network analysis of the Italian overnight money market [J]. Journal of Economic Dynamics and Control, 2008, 32 (1): 259-278.

[162] Upper C, Worms A. Estimating bilateral exposures in the German interbank market: Is there a danger of contagion? [J]. European Economic Review, 2004, 48 (4): 827-849.

[163] Müller J. Interbank credit lines as a channel of contagion [J]. Journal of Financial Services Research, 2006, 29 (1): 37-60.

[164] 龔柳元, 毛道維, 張家慧. 基於複雜網路的銀行競爭行為研究 [J]. 軟科學, 2012, 26 (6): 105-110.

[165] 蘇明政, 張慶君. 基於複雜網路的中國銀行共同貸款關係網路研究 [J]. 財貿經濟, 2014 (3): 59-67.

[166] 江若塵, 陸煊. 中國信貸關係網路宏觀拓撲特徵及系統性信貸風險鑒別 [J]. 財貿經濟, 2014 (3): 55-66.

[167] 隋聰, 王宗堯. 銀行間網路的無標度特徵 [J]. 管理科學學報, 2015, 18 (12): 18-26.

[168] 吳念魯, 徐麗麗. 中國銀行同業間網路的拓撲結構特徵分析及啟示 [J]. 當代財經, 2015 (11): 42-52.

[169] Kim H J, Lee Y, Kahng B, et al. Weighted scale-free network in financial correlations [J]. Journal of the Physical Society of Japan, 2002, 71 (9): 2133-2136.

[170] Onnela J P, Kaski K, Kertész J. Clustering and informa-

tion in correlation based financial networks [J]. The European Physical Journal B-Condensed Matter and Complex Systems, 2004, 38 (2): 353-362.

[171] 張來軍, 楊治輝, 路飛飛. 基於複雜網路理論的股票指標關聯性實證分析 [J]. 中國管理科學, 2014, 22 (12): 85-92.

[172] 李進, 馬軍海. 交叉持股行為的複雜性研究 [J]. 北京理工大學學報（社會科學版）, 2009, 11 (4): 34-37.

[173] Battiston S, Rodrigues J F, Zeytinoglu H. The network of inter-regional direct investment stocks across Europe [J]. Advances in Complex Systems, 2007, 10 (1): 29-51.

[174] 馬源源, 莊新田, 李凌軒. 基於上市公司交叉持股網路的區域發展政策成效 [J]. 系統管理學報, 2011, 20 (6): 715-721.

[175] Sun H, Wu J. Scale-free characteristics of supply chain distribution networks [J]. Modern Physics Letters B, 2005, 19 (17): 841-848.

[176] Kühnert C, Helbing D, West G B. Scaling laws in urban supply networks [J]. Physica A: Statistical Mechanics and its Applications, 2006, 363 (1): 96-103.

[177] Huang J, Xiao T, Sheng Z, et al. Modeling an Evolving Complex Supply Network [J]. Journal of Systems Science & Information, 2007, 5 (4): 327-338.

[178] 陳曉, 張紀會. 複雜供需網路的局域演化生長模型 [J]. 複雜系統與複雜性科學, 2008, 5 (1): 54-61.

[179] 陳子鳳, 官建成. 合作網路的小世界性對創新績效的影響 [J]. 中國管理科學, 2009, 17 (3): 115-120.

[180] 孫耀吾, 衛英平. 高技術企業聯盟知識擴散研究

——基於小世界網路的視角 [J]. 管理科學學報, 2011, 14 (12): 17-25.

[181] Aleksiejuk A, Holyst J A, Kossinets G. Self-organized criticality in a model of collective bank bankruptcies [J]. International Journal of Modern Physics C, 2002, 13 (3): 333-341.

[182] Degryse H, Nguyen G. Interbank exposures: An empirical examination of contagion risk in the Belgian banking system [J]. International Journal of Central Banking, 2007, 3 (2): 123-171.

[183] Iori G, Jafarey S. Criticality in a model of banking crises [J]. Physica A: Statistical Mechanics and its Applications, 2001, 299 (1): 205-212.

[184] Georg C P, Poschmann J. Systemic risk in a network model of interbank markets with central bank activity [R]. Jena Economic Research Papers, 2010.

[185] Gai P, Kapadia S. Contagion in financial networks [C] //Proceedings of the Royal Society of London A: Mathematical, Physical and Engineering Sciences. London: The Royal Society, 2010.

[186] Freixas X, Parigi B M, Rochet J C. Systemic risk, interbank relations, and liquidity provision by the central bank [J]. Journal of Money, Credit and Banking, 2000, 32 (3): 611-638.

[187] Teteryatnikova M. Resilience of the interbank network to shocks and optimal bailout strategy: advantages of「tiered」banking systems [C]. European University Institute, Working Paper, Italy, 2009.

[188] Heise S, Kühn R. Derivatives and credit contagion in interconnected networks [J]. The European Physical Journal B, 2012, 85 (4): 1-19.

［189］Filiz I O, Guo X, Morton J, et al. Graphical models for correlated defaults［J］. Mathematical Finance, 2012, 22（4）：621-644.

［190］Mastromatteo I, Zarinelli E, Marsili M. Reconstruction of financial networks for robust estimation of systemic risk［J］. Journal of Statistical Mechanics：Theory and Experiment, 2012（3）：821-843.

［191］龍泉,丁永生. 零售信用組合的信用傳染［J］. 管理科學, 2011, 24（2）：94-102.

［192］李守偉,何建敏,莊亞明,等. 基於複雜網路的銀行同業拆借市場穩定性研究［J］. 管理工程學報, 2011, 25（2）：195-199.

［193］李守偉,何建敏. 不同網路結構下銀行間傳染風險研究［J］. 管理工程學報, 2012, 26（4）：71-76.

［194］鄧晶,曹詩男,潘煥學,等. 基於銀行間市場網路的系統性風險傳染研究［J］. 複雜系統與複雜性科學, 2013, 10（4）：76-85.

［195］鮑勤,孫豔霞. 網路視角下的金融結構與金融風險傳染［J］. 系統工程理論與實踐, 2014, 34（9）：2202-2211.

［196］王曉楓,廖凱亮,徐金池. 複雜網路視角下銀行同業間市場風險傳染效應研究［J］. 經濟學動態, 2015（3）：71-81.

［197］石大龍,白雪梅. 網路結構、危機傳染與系統性風險［J］. 財經問題研究, 2015（4）：31-39.

［198］孫豔霞,鮑勤,汪壽陽. 房地產貸款損失與銀行間市場風險傳染——基於金融網路方法的研究［J］. 管理評論, 2015, 27（3）：3-15.

［199］楊康,張仲義. 供應鏈網路風險傳播 SIS-RP 模型及仿真［J］. 北京交通大學學報, 2013, 37（3）：122-126.

［200］羅剛,趙亞偉,王泳. 基於複雜網路理論的擔保網

路風險傳播模式 [J]. 中國科學院大學學報, 2015, 32 (6): 836-842.

[201] 山東銀監局擔保圈風險研究課題組. 基於複雜網路技術的銀行業擔保圈風險傳染機理及化解路徑研究 [J]. 金融監管研究, 2015 (11): 39-64.

[202] Müller J. Two approaches to assess contagion in the interbank market [J]. Swiss National Bank Working Paper, 2003.

[203] Furfine C H. Interbank exposures: Quantifying the risk of contagion [J]. Journal of Money, Credit & Banking, 2003, 35 (1): 111-129.

[204] Stiglitz J E, Miller M, Jeanne O, et al. Risk and Global Economic Architecture [J]. American Economic Review, 2010, 100 (100): 388-392.

[205] Haldane A G. Rethinking the financial network [M]. Springer Fachmedien Wiesbaden, 2013.

[206] Chuang H, Ho H C. Measuring the default risk of sovereign debt from the perspective of network [J]. Physica A: Statistical Mechanics and its Applications, 2013, 392 (9): 2235-2239.

[207] 馬英紅, 李慧嘉, 張曉東. 賦權網路中的弱化免疫研究 [J]. 管理科學學報, 2010, 13 (10): 32-39.

[208] 吳寶, 李正衛, 池仁勇. 社會資本、融資結網與企業間風險傳染——浙江案例研究 [J]. 社會學研究, 2011 (3): 84-105.

[209] 董建衛, 黨興華, 陳蓉. 風險投資機構的網路位置與退出期限: 來自中國風險投資業的經驗證據 [J]. 管理評論, 2012, 24 (9): 49-56.

[210] 湯凌霄, 張藝霄. 基於網路分析法的中國商業銀行操作風險影響因素實證分析 [J]. 中國軟科學, 2012 (8): 143-151.

[211] 陸靜, 王捷. 基於貝葉斯網路的商業銀行全面風險預警系統 [J]. 系統工程理論與實踐, 2012, 32 (2): 225-235.

[212] 巴曙松, 左偉, 朱元倩. 金融網路及傳染對金融穩定的影響 [J]. 財經問題研究, 2013 (2): 3-11.

[213] 範宏. 動態銀行網路系統中系統性風險定量計算方法研究 [J]. 物理學報, 2014, 63 (3): 473-480.

[214] 吳畏, 王文旭, 樊瑛. 基於風險傳染的金融網路系統風險模型 [J]. 北京師範大學學報（自然科學版）, 2014, 50 (6): 668-671.

[215] 鄧超, 陳學軍. 基於複雜網路的金融傳染風險模型研究 [J]. 中國管理科學, 2014, 22 (11): 11-18.

[216] 林琳, 曹勇. 基於複雜網路的中國影子銀行體系風險傳染機制研究 [J]. 經濟管理, 2015, 37 (8): 109-119.

[217] 晏富貴, 倪志凌. 資產證券化的宏觀審慎監管——基於網路模型的模擬研究 [J]. 當代經濟科學, 2015, 37 (5): 44-51.

[218] 歐陽紅兵, 劉曉東. 中國金融機構的系統重要性及系統性風險傳染機制分析——基於複雜網路的視角 [J]. 中國管理科學, 2015, 23 (10): 30-37.

[219] Steinbacher M. Credit contagion in financial markets: a network-based approach [R]. Germany: University Library of Munich, 2013.

[220] 陳庭強, 何建敏. 基於複雜網路的信用風險傳染模型研究 [J]. 中國管理科學, 2014, 22 (11): 1-10.

[221] Bucklin L P. Postponement, speculation and the structure of distribution channels [J]. Journal of Marketing Research, 1965, 2 (1): 26-31.

[222] Van Hoek, Remko I. The rediscovery of postponement a

literature review and directions for research [J]. Journal of Operations Management, 2001, 19 (2): 161-184.

[223] 劉蕾, 靳群, 唐小我. 考慮延遲交貨風險的易逝品供應鏈回購契約研究 [J]. 控制與決策, 2012, 27 (10): 1505-1509.

[224] 張克勇, 侯世旺, 周國華. 不確定需求下供應鏈定價延遲策略研究 [J]. 管理工程學報, 2014, 28 (1): 195-201.

[225] 蔣麗, 梁昌勇. 基於延遲理論的 Supply Hub 出庫調度模型 [J]. 系統工程理論與實踐, 2015, 35 (4): 904-910.

[226] Li J C, Li C, Mei D C. Effects of time delay on stochastic resonance of the stock prices in financial system [J]. Physics Letters A, 2014, 378 (30): 1997-2000.

[227] 劉慧, 綦建紅. 中國企業如何選擇對外直接投資的延遲時間?——基於實物期權的視角 [J]. 經濟評論, 2015 (4): 109-121.

[228] 管丹輝, 周宗放. 基於多智能的企業集團信用風險延遲效應的仿真 [J]. 系統工程, 2013, 31 (2): 115-120.

[229] 楊揚, 周宗放, 費文穎. 嵌入小世界網路的企業集團信用風險演化仿真 [J]. 管理工程學報, 2014, 28 (1): 138-143.

[230] Brass D J. A social network perspective on human resources management [J]. Research in Personnel and Human Resources Management, 1995, 13 (1): 39-79.

[231] 史麗萍, 劉強, 唐書林. 基於組織特異性免疫視角的質量績效提升路徑研究——投影尋蹤法和強迫進入法的實證分析 [J]. 南開管理評論, 2012, 15 (6): 123-134.

[232] 楊興龍, 孫芳城, 陳麗蓉. 內部控製與免疫系統: 基於功能分析法的思考 [J]. 會計研究, 2013 (3): 65-71.

[233] 史麗萍, 劉強, 騰雲. 基於 OSI-PP-Enter 的質量績

效提升路径:理论框架及实证分析[J].管理工程学报,2015, 29(3):152-163.

[234]许晖,纪春礼,李季,等.基于组织免疫视角的科技型中小企业风险应对机理研究[J].管理世界,2011(2): 42-54.

[235]王德鲁,宋学锋.多元化企业经营系统脆性控制模型及最优策略[J].管理科学学报,2011,14(9):1-12.

[236]杨青,刘星星,陈瑞青,等.基于免疫系统的非常规突发事件风险识别模型[J].管理科学学报,2015,18(4): 49-61.

[237]李丽,周宗放.企业集团信用风险动态传染机理研究[J].管理评论,2015,27(1):48-56.

[238]周宏,杨萌萌,李远远.企业债券信用风险影响因素研究评述[J].经济学动态,2010(12):137-140.

[239] Iansiti M, Levien R. Strategy as ecology [J]. Harvard Business Review, 2004, 82(3): 68-81.

[240] Lucas D J. Default correlation and credit analysis [J]. The Journal of Fixed Income, 1995, 4(4): 76-87.

[241] Kogut B, Walker G. The small world of Germany and the durability of national networks [J]. American Sociological Review, 2001, 66(6): 317-335.

[242]韩立岩,陈文丽.贷款组合中违约传染的机理研究[J].金融研究,2006(7):143-150.

[243]陈建新,罗伟其,庞素琳.银行风险传染的集合种群模型——基于元胞自动机的动态模拟[J].系统工程理论与实践.2012,32(3):543-548.

[244]马源源,庄新田,李凌轩.股市中危机传播的SIR模型及其仿真[J].管理科学学报,2013,16(7):80-94.

［245］Garlaschelli D, Loffredo M I. Structure and evolution of the world trade network［J］. Physica A: Statistical Mechanics and its Applications, 2005, 355（1）: 138-144.

［246］夏承遺, 劉忠信, 陳增強, 袁著祉. 複雜網路上帶有直接免疫的 SIRS 類傳染模型研究［J］. 控製與決策, 2008, 23（4）: 468-473.

［247］王亞奇, 蔣國平. 複雜網路中考慮不完全免疫的病毒傳播研究［J］. 物理學報, 2010（10）: 6734-6743.

［248］呂天陽, 樸秀峰, 謝文豔, 黃少濱. 基於傳播免疫的複雜網路可控性研究［J］. 物理學報, 2012（17）: 135-143.

國家圖書館出版品預行編目(CIP)資料

基於複雜網路的關聯信用風險傳染延遲效應研究 / 李永奎 著. -- 第一版.
-- 臺北市：財經錢線文化出版：崧博發行, 2018.12

面 ； 公分

ISBN 978-957-680-312-3(平裝)

1.信用貸款 2.風險管理

562.332　　　　107019771

書　名：基於複雜網路的關聯信用風險傳染延遲效應研究
作　者：李永奎 著
發行人：黃振庭
出版者：財經錢線文化事業有限公司
發行者：崧博出版事業有限公司
E-mail：sonbookservice@gmail.com
粉絲頁　　　　　　網　址
地　址：台北市中正區延平南路六十一號五樓一室
8F.-815, No.61, Sec. 1, Chongqing S. Rd., Zhongzheng Dist., Taipei City 100, Taiwan (R.O.C.)
電　話：(02)2370-3310　傳　真：(02) 2370-3210
總經銷：紅螞蟻圖書有限公司
地　址：台北市內湖區舊宗路二段 121 巷 19 號
電　話：02-2795-3656　　傳真：02-2795-4100　網址：
印　刷：京峯彩色印刷有限公司（京峰數位）

　　本書版權為西南財經大學出版社所有授權崧博出版事業有限公司獨家發行電子書及繁體書繁體版。若有其他相關權利及授權需求請與本公司聯繫。

定價：400元

發行日期：2018 年 12 月第一版

◎ 本書以POD印製發行